부활의 의미

폴라 구더

This Risen Existence

The Spirit of Easter

Paula Gooder

내가 가장 필요로 할 때
나에게 여러 차례 부활을 알려준
내 친구 토니(Toni)에게

목 차

1. 묵상하는 성경 말씀의 경우, 개역개정성경과 새번역성경 중 원서가 가리키
   는 내용에 더 가까운 것을 따랐습니다. 그중 끝에 '참고'가 붙은 말씀의 경우
   일부 단어/표현을 바꾸었음을 의미합니다.
   예: 개역개정 참고

2. 저자가 논의 중에 성경 말씀을 인용하는 경우, 되도록 개역개정성경을 사용
   하거나 반영하였습니다. 저자가 쓴 일부 표현이 개역개정성경과 달라 부득
   이하게 다른 성경을 사용하는 경우 괄호 안에 따로 표기하였습니다.
   예: (막 1:13 새번역)

이 책은 어떤 면에서 조금 제멋대로라고 할 수 있습니다. 부활절은 제가 가장 좋아하는 시기이며, 부활은 제 신앙의 기둥과도 같은데요, 하지만 이와 관련해서 제가 여러 해 동안 실망감을 느낀 부분이 있습니다. 우리는 보통 사순절(Lent)을 통해 삶과 신앙의 문제를 깊이 고민하다가 마침내 부활절에 이르는데요. 그런데 우리는 기껏 부활절에 이르러서는 우리의 고민을 멈추고 다시 이전의 상태로 되돌아갑니다. 실제로 많은 사람들이 사순절과 관련된 책들을 읽기는 하지만, 그 책들 중 상당수는 예수님의 십자가 여정을 살펴보다가 부활 직전에 멈춥니다. 아니면 기껏해야 마지막 장에서 부활을 언급하는 정도지요. 저는 오랫동안 부활절을 거쳐 승천일(Ascension Day)과 성령 강림절(Pentecost)에 이르는 여정으로 데려다 줄 책을 간절히 바랐습니다. 부활이 나에게 어떠한 의미인지, 그리고 부활과 내 삶의 방식은 어떠한 연관이 있는지에 대해 더욱 깊이 고민할 수 있게 해주는 책 말이지요.

그리고 결국 제가 직접 부활절에 관한 책을 써야겠다고 결심하게 되었습니다. 성경에서 마주치는 부활에 관한 개념과 이야기로 함께 여행을 떠날 수 있는 책 말이죠. 이 책에서 우리는 부활의 삶을 산다는 것이 어떠한 의미인지 살펴 볼 것입니다. 그래서 이 책은 조금 제멋대로 진행될 것입니다. 물론 책 전체가 그러지는 않기를 바랍니다. 여러분이 저처럼 예수님께서 죽은 자들 가운데서 살아나신 일이 정말로 어떤 의미인지 깊이 알고 싶다면, 이 책이 그 여정에 도움이 되기를 소망합니다.

이 책을 쓸 때 한 가지 어려웠던 점은 각 장(chapter)의 분량을 어떻게 배분할지에 관한 문제였습니다. '마태복음보다 마가복음에 더 많은 지면을 할애해야 할까?' '아니면 더 적은 지면을 할애해야 할까?' '바울서신에는 얼마나 많은 지면을 할애해야 할까?' 결국 저는 부활절과 성령 강림절(부활절 뒤 7번째 일요일 – 역주) 사이에 볼 수 있도록 42개의 본문을 선별했습니다.

일주일에 6개 본문을, 7주 동안 볼 수 있도록 말이죠. 하루에 한 개의 본문을 보고, 일주일에 하루는 쉬는 날로 정하면 될 것입니다. 물론 여러분은 매일 읽지 않는 방식을 택할 수도 있고, 부활절 이후에는 읽지 않는 방식을 택할 수도 있습니다. 언제 어떻게 읽을 것인지는 전적으로 여러분에게 달려 있습니다.

본격적으로 시작하기에 앞서 먼저 부활에 관하여 어떻게 살펴볼 것인지 결정하고 싶다는 생각이 들 수도 있습니다. 물론 제가 집필한 순서를 따르는 것이 한 가지 좋은 선택지가 될 수 있습니다. 즉, 복음서, 바울서신, 그리고 다른 서신서 속 부활을 살펴 보고, 그 다음에 승천과 성령 강림을 살펴보는 것이지요. 하지만 원한다면 이 순서를 뒤섞어서 살펴 볼 수도 있습니다. 가령 여러분이 만약 바울의 글이 어렵다고 느낀다면, 혹은 바울의 신학이나 복음서의 이야기 중에 어느 한쪽을 더 선호한다면, 바울 읽기와 복음서 읽기를 뒤섞어 병행할 수도 있습니다. 이처럼 여러분은 바울서신과 복음서를 나란히 두고 묵상할 수 있습니다. 이는 꽤 흥미롭고 유익한 방식이 될 것입니다.

대부분의 내용은 제 성찰의 기초가 되는 신약성경의 짧은 본문으로 시작됩니다. 다만 본문을 더 자세히 알고 싶은 사람들을 위해 그보다 더 긴 본문도 제시해 놓았습니다. 만일 내용에서 긴 본문을 다루었을 경우에는 짧은 본문만 제시해 놓았습니다.

넣고 빼기

이러한 유형의 책을 쓸 때 가장 어려운 문제는 무슨 내용을 더 쓸지가 아니라 무슨 내용을 덜어낼지 입니다. 일단 저는 복음서에 있는 부활에 관한 이야기(narratives) 대부분을 다루었는데요, 그러고 나니 한 가지 문제에 봉착했습니다. 바로 바울 서신과 사도행전과 같은 신약성경의 나머지 책들 가운데서 (부활과 승천, 성령 강림에 관한) 어떤 본문들을 선택해야 하는가 하는 문제였습니다. 결국 저는 제 판단에 따라 가장 중요하다고 생각하는 본문들을 선택했습니다. 그리고 그 본문들 중에서 절반 가까이 덜어냈습니다. 그러한 과정을 통해 남은 본문들이 이 책에 실린 것입니다. 만일 제가 이 책을 다시 쓰게 된다면, 어쩌면 다른 본문들을 고르게 될 수도 있을 것입니다(물론 여러분이라면 저와 또 다른 본문들을 고를 테고요). 그러니 이 책에 실린 본문들의 경우 제가 글을 쓸 당시에 유익하다고 판단한 본문들이라고 여기시면 될 것 같습니다.

사실 이 책에 담긴 각각의 본문들 역시 원래는 쓰고 싶은 내용이 훨씬 더 많았습니다. 하지만 저는 한 본문에서 한 주제만 다루기로 결정했습니다(물론 예외도 있습니다). 이 말은 곧 제가 놓치는 중요한 지점들이 부득이하게 생길 수 밖에 없다는 의미입니다. 여러분이라면 다루지 않았을 내용을 포함시켰을 수도 있다는 의미이기도 하고요. 저는 이 책을 의도적으로 그렇게 썼습니다. 저는 이 책을 통해서 의심할 여지가 없는 단호한 결론들보다, 오히려 함축적이고 생각할 거리가 많은 묵상들을 제공하고 싶었습니다. 어떤 결정적이고 최종적인 발언(혹은 그에 준하는 말)을 하고 싶지 않았습니다. 그저 그리스도 안에서 사는 삶에 대해서, 특히 부활에 대해서 여러분만의 언어를 찾도록 도움을 주고 싶었습니다.

눈치가 빠른 독자들은 제가 이 책에서 부활의 역사성에 대해 논의하지 않았다는 점을 알아차릴 것입니다. 그 이유는 아주 단순합니다. 저는 그러한 논의가 엄청나게 중요하다고 생각하지는 않기 때문입니다. 제 말이 조금 이상하게 들릴지도 모르겠습니다. 부활의 역사성에 관한 논의는 20세기 후반 동안 부활에 관해 제기된 몇 안 되는 질문이었습니다. 그 결과 역사적인 사실이라고 말하는 사람들과 그렇지 않다고 말하는 사람들이 거의 해결이 불가능한 교착 상태에 빠졌습니다. 이후 시간이 지남에 따라 부활에 관한 이야기를 꺼내는 것조차

불편하게 되었고요. 사실상 부활의 역사성에 대한 논쟁에 더이상 덧붙일 만한 내용은 거의 없습니다. 부활은 역사적인 사실로 증명할 수 있는 것이 아닙니다. 사실이 아니라고 증명할수 없듯이 말이죠. 우리가 할 수 있는 것은 부활이 가장 초기의 그리스도인들에게 어떠한 의미였는지, 그리고 오늘날 우리에게는 어떠한 의미인지를 묻는 것입니다. 이것이 바로 이 책의 주된 관심사입니다. 만일 여러분 중에 누군가 부활의 역사성에 대해 좀 더 알아보고 싶은 의향이 있다면, 다른 자료들을 살펴보든지 혹은 제가 서론 뒤에 써놓은 몇 가지 책들을 살펴보세요. 분명 도움이 될 겁니다.

비슷한 맥락에서 저는 "마지막 때"에 대한 믿음을 액면 그대로 받아들이기로 했습니다. 오늘날 많은 그리스도인들이 세계의 종말에 대해 이야기하는 것을 다소 꺼려하는데요, 아마도 그 일이 멀게만 느껴지고 또 실제로 일어날 것처럼 보이지도 않기 때문일 것입니다. 그렇지만 신약성경의 저자들의 경우 그러한 일이 있을 것이라는 믿음에 조금의 의심도 없었습니다. 실제로 종말에 대한 믿음을 전제해야 비로소 부활을 온전히 이해할 수 있습니다. 세계의 종말을 전제하지 않는다면 신약성경에 담긴 신학의 상당 부분이 그 논리를 잃어버리게 됩니다. 여러분이 가진 생각이 어떠하든지 간에, 우리가 신약성경의 저자들이 이야기하는 것을 이해하기 위해서는 먼저 그들의 세계 안으로 들어갈 수 밖에 없습니다. 그 세계는 분명 종말에 관한 믿음을 가지고 있었기 때문에, 우리가 신약성경의 저자들이 이해한 부활에 관해 이야기하려면 먼저 그들의 관점을 따라야 합니다.

제가 이 책에서 다루지 않기로 결정한 또 다른 신약학 내용들은 저자(authorship), 저작 시기, 그리고 저술 목적에 관한 질문들입니다. 물론 이 기초적인 질문들은 중요합니다. 각각의 성경 본문들이 당시에 어떤 의미였는지, 그리고 오늘날에는 어떤 의미인지와 관련된 질문들이지요. 신약성경을 연구하는 책들의 경우 이러한 '사전' 질문들을 충분히 다룹니다. 그리고 의미에 대한 질문들을 다루기 전에 일단 해석의 과정을 멈춥니다. 하지만 저는 이 책에서 그러한 '사전' 질문들 대다수를 걷어내려고 합니다. 너무 방대하기도 하고, 다른 책들이 이미 잘 다루고 있기 때문입니다. 그 대신 저는 의미에 대한 질문들에 집중하려고 합니다. 그렇기 때문에, 이를테면 마가를 마가복음의 저자로, 요한을 제4복음서의 저자로서 언급할 것입니다. 이는 제가 저자 문제를 둘러싼 문제들을 몰라서가 아니라, 그와 같이 약칭을 사용하여 곧장 성경 본문 그 자체를 다루고 싶어서입니다. 서신서들 또한 마찬가지입니다. 골로새서든 에베소서든 아니면 베드로전서든, 저는 저자와 관련된 문제들을 잘 알고 있습니다. 하지만 이 책은 누가 무엇을 썼고 언제 어디서 썼는지를 판단하려는 책이 아닙니다. 만약 제가 그러한 문제들을 다룬다면, 정작 부활을 탐구할 시간은 모자르게 될 것입니다. 그런데 제가 결정한 이러한 방침에도 한 가지 예외가 있습니다. 바로 히브리서인데요, 히브리서는 기독교 전통 안에서 오랫동안 바울이 쓴 것으로 여겨져 왔지만 사실 히브리서 자체는 그 어떤 저자도 언급하고 있지 않습니다. 히브리서 안에서 저자는 익명으로 남아 있으므로, 저 역시 익명으로 다루겠습니다.

저는 또한 각각의 복음서들이 전하는 부활에 관한 기사들을 다룰 것입니다(마가의 기사 혹은 마태의 기사와 같이 부르면서요). 이는 마가가 이야기를 지어냈다는 의미가 아닙니다. 마태의 이야기가 믿을 만한 것이 못 된다는 의미도 아니고요. 제가 인식하고 있는 것은 곧 이야기를 엮어 우리의 관심을 사로잡는 섬세한 기술(art)을, 각 복음서 저자들이 각기 다른 방식으로 수행했고 그 결과도 서로 다르다는 것입니다. 다시 말하지만, 그들의 이야기가 당시 실제로 일어난 일과 어떻게 연결되는지에 관한 질문들은 이 책의 주된 관심사가 아닙니다.

부활, 살펴보기

부활을 이해하고자 할 때 겪는 어려움 중 하나는 1세기 유대인 청중들에게 부활은 과연 어떤 의미였는지를 파악하는 일입니다. 그리고 그것이 오늘날 우리가 부활에 관해 생각하는 방식에 어떤 영향을 미치는지도 문제입니다. 여러분이 그것을 더 깊이 생각하는 일을 돕기 위해 저는 부활에 관해서 깊이 살펴 보았습니다. 즉, 부활이 과거에 어떤 의미였고 지금은 어떤 의미인지에 관해서, 그리고 부활이 우리가 살아가는 삶 가운데 어떤 영향을 끼치는지에 관해서 깊이 묵상하며 살펴보았습니다. 어떤 분들은 제 묵상이 유용한 렌즈라고 느끼고 각각의 성경 본문들을 읽는 데 도움이 된다고 느낄 것입니다. 반대로 제 묵상이 지나치게 복잡하고 신학적이라고 느낄 분들도 있을 수 있습니다. 다시 말씀드리지만 어떻게 읽을지는 전적으로 여러분에게 달려있습니다. 여러분이 만일 곧바로 성경의 이야기를 살펴보고 싶다면 그렇게 하면 됩니다. 서론은 잠시 넘어가고 나중에 읽으면 됩니다. 만일 서론은 아예 읽지 않는게 더 낫다고 생각이 들면 그렇게 해도 됩니다.

서론을 여는 R. S. 토마스(Thomas)의 시 역시 일종의 렌즈 역할을 합니다. 그래서 우리가 성경의 이야기들과 부활에 대한 묘사들을 읽는 데 도움을 줍니다. 즉, 제 신학적인 묵상도 렌즈를 제공하지만, R. S. 토마스의 '갑자기'(Suddenly) 시 역시 렌즈를 제공합니다. 일종의 내부 렌즈로서 우리가 부활하신 그리스도를 볼 수 있도록 도움을 줍니다. 우리의 눈으로만이 아닌, 우리의 존재 전체로 예배해야 하는 분을 말이지요.

갑자기(Suddenly)

언제나 내가 알고 있었던 것처럼

그는 예고도 없이 올 것이다.

놀라울 정도로 소란스럽지 않게

따라서 진리는 사색하는 사람에게 나타난다.

실험의 단계에서 해답은 조용히 나타난다.

나는 눈으로만 그를 본 것이 아니라,

내 존재 전체로 보았다.

성배가 바다로 차고 넘치듯이,

나는 그로 차고 넘쳤다.

그러나 그는 더 이상 그곳에 없었고,

그의 영역은 후광 없는 존재들에게 점령당했다.

그의 상처를 의식하지 않고 손을 넣을 수 있었다.

도박꾼들은 십자가 밑에서 계속해서 주사위를 던졌다.

그들이 내기한 보이지 않는 옷은 더 이상 위태롭지 않다.

그가 부활로 옷 입었기 때문이다.

왠지 모르게 "부활"이라는 단어는 늘 제 자신이 실제로는 부활을 이해하고 있지 못하다는 느낌을 줍니다. 그러한 느낌은 아마도 제 어린 시절과 연관이 있는 것 같습니다. 그때는 제가 예수님께서 죽은 자들로부터 살아나신 것과 그분의 부활이 사실은 같은 의미라는 것을 깨닫기 전이었지요. 사람들이 부활에 관해 이야기할 때마다, 저는 예수님께서 죽은 자들로부터 살아나신 일 말고도 그분이 무언가 더 하신 일이 있다고 생각했습니다. 그것이 무엇인지는 정확히 알 수 없었지만요. 그러던 중 눈부신 어느날 마침내 저는 깨달았습니다. 부활은 제가 생각하는 것만큼 그렇게 복잡하지 않다는 사실을요. 또한 부활은 예수님께서 죽은 자들로부터 살아나셨음을 가리킨다는 것을요. 그러자 묘하게도 제가 본래 생각한 것보다 훨씬 더 이해하기 쉬운 주제처럼 보이기 시작했습니다.

그런데 나이가 드니 점점 부활에 관한 제 어렸을 적 생각이 혹시 맞지 않았는지, 부활이 정말로 복잡한 주제는 아닌지 궁금해지더군요. 물론 부활은 예수님께서 죽은 자들로부터 살아나셨음을 가리킵니다. 하지만 다소 이해하기 어려운 부분은 그것이 어떤 의미였는지, 그리고 계속해서 어떤 의미를 갖는지에 관한 부분입니다. 가장 단순한 차원에서 보자면, 예수님의 부활은 분명 좋은 소식(good news)입니다. 예수님께서 죽으셨다가 다시 살아나셨다는 소식이지요. 이 단순하지만 놀라운 사실이 여전히 부활 한가운데에 놓여있지만, 그럼에도 부활에는 그 이상의 의미가 있습니다. 예수님의 부활은 우리가 세상을 바라보는 눈을 새롭게 만들어 줍니다. 예수님의 부활은 이전에 없던 새로운 존재를 보여 줍니다. 이로써 우리는 우리가 누구인지, 이 세상에서 어떻게 살아야 하는지에 대한 관점이 이전과 달라지게 됩니다. 이제 몇 가지 주요 주제를 살펴봄으로 부활에 대해 더 깊이 알아보려고 합니다. 부활을 믿는다는 것이 어떤 의미인지, 그것이 우리가 살아가는 방식에 어떤 변화를 가져올 수 있는지에 대해 더 깊이 파악해보겠습니다.

부활과 새로운 생명

제가 일 년 중 가장 좋아하는 시기 중 하나는 봄입니다. 저는 설강화(snowdrops)나 바꽃(aconites) 같은 아주 작은 봄꽃들이 겨울의 서리를 뚫고 피어날 때 (또 그후로 크로커스, 수선화, 사과꽃이 피어날 때), 새 생명이 움트는 그 느낌을 좋아합니다. 저희 동네 공원에는 크로커스가 무리지어 피어있는데, 크로커스를 보면 왠지 모르게 매서운 바람이 조금 덜 차갑게 느껴지기도 하고 또 비도 금방 그칠 것처럼 느껴지기도 합니다. 그리고 어쩐지 더 따뜻한 날, 새로운 삶을 기대하게 됩니다. 한편으로는 아무것도 변한 것이 없지만 다른 한편으로는 마치 더 화창하고 따뜻한 날을 기대해도 좋다는 허락을 받은 것 같은 기분이 듭니다.

사람의 심령 안에는 새로운 생명과 삶에 반응하는 무언가가 있습니다. 많은 사람들이 아기나 강아지, 새끼 고양이 같이 갓 태어난 대상을 보면 잠시 멈춰 서서 정답게 속삭이곤 합니다. 어째서 우리가 "새로움"에 끌리는지에 대한 많은 과학적 설명이 있지만, 그 이유 중 하나는 분명 "새로움"이 일상의 암울한 현실을 넘어선 삶, 희망의 느낌, 그리고 미래의 느낌을 주기 때문입니다. 어떤 면에서 보면 예수님의 부활 역시 그와 같은 반응을 일으킵니다. 마치 봄꽃들이 겨울이 지나가고 여름이 코앞에 있음을 알려주듯이, 예수님의 부활 역시 옛 질서가 지나가고 새로운 창조가 막 일어나려고 한다는 사실을 알려주니까요.

하지만 예수님의 부활을 봄꽃들에 비유하는 것에는 한 가지 문제가 있습니다. 제가 그토록 사랑하는 크로커스는 여름이 오기도 전에 죽어 이듬해 봄에 단 한 번만 더 새 생명을 얻습니다. 봄꽃들이 우리에게 부활에 대해 알려주기는 하지만 단지 부분적으로만 알려줄 뿐입니다. 봄꽃들이 새 생명을 얻는 것과 예수님의 부활 사이의 중요한 차이점은, 그 꽃들의 새 생명은 순환의 과정 속에 이루어지고 결국엔 죽음과 얽혀 있다는 것입니다. 하지만 예수님의 부활은 그렇지 않습니다. 예수님은 새 생명으로 부활하셨고 다시는 죽음을 겪지 않으십니다.

예전에 신학교에서 학생들을 가르칠 때 저는 예수님의 부활이 얼마나 특별한가에 대해 학생들과 자주 논쟁을 벌이곤 했습니다. 그 논쟁은 보통 다음과 같이 진행되었습니다. 먼저 제가 "예수님"의 부활이 완전히 특별한 일이라고 설명합니다. 그와 같은 일은 전에도 없었고 후에도 없었다고 말이지요. 그러면 어김없이 누군가가 이렇게 대답합니다. "나인성 과부의 아들(눅 7:11-17)이나 나사로(요 11:1-44)도 있지 않나요?" 그때부터 왠지 모를 긴장감이 고조되기 시작합니다. 학생들에게 교수가 틀렸음을 지적하는 일보다 더 즐거운 일은 없기 때문이지요. 그럼에도 저는 계속해서 제가 처음에 말한 내용이 맞다고 주장합니다. 실제로 예수님에게 일어난 일과 나사로에게 일어난 일 사이에는 엄청난 차이가 있습니다. 왜냐하면 나사로는 마치 봄꽃들과 같이 결국 다시 죽음을 맞았고 또 다른 부활을 기다리게 되었기 때문입니다. 하지만 예수님은 다시 죽지 않으셨고 앞으로도 죽지 않으실 것입니다. 예수님은 나사로와 같은 생명이 아니라, 죽음이 더 이상 존재하지 않는 "다른" 생명으로 부활하셨습니다. 엄밀히 말하면 나사로에게 일어난 일은 부활(resurrection, 영원한 새 생명으로 살아남)이 아니라 복원(revivification, 갱신된 옛 생명으로 살아남)이었습니다. 이것은 까다로운 구분이지만 그만큼 중요한 부분입니다. 이는 우리가 흔히 생각하는 것 "그 이상의 무언가"가 부활에 있음을 드러냅니다. 실제로 예수님의 부활에는 단순히 죽었다가 다시 살아났다는 것 그 이상의 의미가 담겨 있습니다. 성경 안에는 나사로를 비롯해 기적적으로 살아난 사람들이 다수 나타나는데요, 예수님의 부활이 "그 이상"인 이유는 그분이 다시는 죽지 않으실 것이라는 데 있습니다.

부활과 마지막 때

그러나 그것이 전부는 아닙니다. 예수님의 부활에는 심지어 그보다 훨씬 더 많은 의미가 담겨 있습니다. 1세기의 모든 유대인들이 죽음 이후의 삶을 믿었던 것은 아닙니다. 하지만 많은 이들이 몸의 부활을 믿었습니다. 하나님께서 세상에 개입하여 이스라엘 왕국을 이스라엘에게 돌려주실 미래의 극적인 순간에 일어날 몸의 부활을 믿었습니다. 그들은 그 시점에 죽은 자들이 부활하고 평화와 번영의 시대가 시작될 것이라고 믿었습니다. 부활은 이스라엘이 적들로부터 해방되어 평화와 번영 속에서 살게 될 것이라는, 새로운 세계 질서를 예고하는 일이었습니다. 예수님 당시에 살았던 많은 유대인들에게 부활이 일어났다고 믿는 것은 곧 (앞서 언급한 모든 일들이 일어날) 종말이 이미 시작되었다고 믿는다는 것을 의미했습니다.

그렇다면 초기 제자들이 예수님의 부활을 이해하기 위해 고군분투한 것은 당연한 일이었습니다. 예수님께서 죽은 자들로부터 부활하셨지만 그분 외에는 누구도 부활하지 못했으니까요. 그런데 예수님께서 죽은 자들로부터 부활하셨음에도 세상은 이전과 전혀 달라보이지 않았습니다. 여전히 로마인들이 팔레스타인을 장악하고 있었습니다. 가난한 사람들은 여전히 가난했고 이스라엘은 여전히 짓밟힌 상태였습니다. 그럼에도 신약성경의 많은 저자들은 예수님의 부활을 가리켜 세상을 변화시킨 급진적이고 변혁적인 사건으로 보았습니다. 그 저자들에게 예수님의 부활에 담긴 "그 이상의 무언가"는 곧 종말이 이미 시작되었다는 믿음이었습니다. 그들에게 예수님의 부활은 죽은 사람이 살아난 것 그 이상의 의미를 지니고 있었으며, 또한 완전히 새로운 존재 방식의 시작을 의미했습니다. 물론 종말이 시작되었어도 아직 완전히 끝난 것은 아닙니다. 새로운 창조가 시작되었지만 여전히 그 완성을 기다리고 있습니다.

저는 이것을 가장 잘 설명하는 방법 중 하나를 신학책이 아니라 2003년에 방영된 BBC 드라마 재림(The Second Coming)에서 발견했습니다. 러셀 데이비스(Russell T. Davies)가 쓴 이 드라마는 자신이 하나님의 아들이라는 사실을 알게 된 스티븐 백스터(Steven Baxter)라는 인물에 관한 이야기입니다. 사실 여러모로 실망스럽고 불만족스러운 드라마였지만, 세상이 스티브가 하나님의 아들이라는 사실을 인식한 계시의 순간을 누군가가 묘사하는 장면은 정말 멋졌습니다. 그 사람은 마치 하루의 한 조각이 다른 날로 옮겨지는 것 같았다고 묘사합니다. "그 사건은 목요일 저녁에 일어났다. 그 중간에, 화요일의 큰 덩어리가 있다"고요. 이상하게 들릴지 모르지만, 이것이 제가 지금까지 접한 설명들 중에서 예수님의 부활과 관련하여 일어난 시간의 이동에 대한 가장 좋은 설명 중 하나입니다. 예수님의 부활은 약 2,000년 전에 일어난 종말의 한 단면입니다. 그리고 그보다 더 중요한 것은 부활의 사건은 지금도 우리가 종말의 한 조각을 경험할 수 있게 해준다는 점입니다.

그 결과 세상은 늘 그렇듯이 전쟁과 아픔, 가난과 억압으로 가득 차 있지만, 그럼에도 우리는 종말의 완전함을 희미하게나마 엿볼 수 있습니다. 갈등과 반목 속에서도 우리는 때때로 화해와 연민의 순간을 볼 수 있게 되었습니다. 살해당한 아들의 부모가 살인자를 용서할 때, 지역사회를 위협하는 무리들에 맞서 지역사회를 더 나은 곳으로 만들 때, 관계를 망치는 사소한 논쟁을 넘어서는 때, 그러한 때가 제 눈에는 현재에 드러난 종말의 한 단면으로 보입니다. 세상을 바꾸는 극적인 일도 있지만 또 작고 사소해 보이는 일도 있습니다. 국가와 대륙 전체에 영향을 미치는 일도 있고, 한두 명의 개인에게 영향을 미치는 일도 있습니다. 그러한 일들이 그저 일시적일 수도 있습니다. 또 곧바로 다시 냉혹한 일상의 현실로 돌아가야 할 수도 있고요. 하지만 그 영향은 오래 남아서, 새로운 창조는 분명 가능하며 또 큰 변화가 일어날 수 있음을 시사할 것입니다.

늘 그렇듯이 C. S. 루이스는 이것을 꼭 집어 아름답게 풀어냅니다. 그는 『사자와 마녀와 옷장』에서 하얀 마녀의 마법에 걸린 나니아를 "항상 겨울이고 크리스마스가 아닌" 상태라고 말했습니다. 몇 년 동안 저는 루이스의 말이 틀렸다고 생각했습니다. 분명히 그는 결국 "항상 겨울이고 봄이 아닌" 상태를 말한 게 아닌가요? 하지만 지금은 그가 옳았다는 것을 압니다. 아슬란이 나니아로 돌아와 하얀 마녀의 마법이 풀렸을 때, 그 첫 번째 신호는 산타클로스(Father Christmas)였고 그다음에 눈이 녹고 마침내 봄이 만개했습니다. 비유를 들어 설명하자면, 우리는 지금 산타클로스의 등장과 눈이 완전히 녹는 시기, 그 사이에 살고 있습니다. 실제로 봄이 다가오고 있고 우리에게도 그 징후가 보이지만, 하나님께서 갈망하는 세상의 만개는 아직 요원한 일입니다.

　　부활에 대한 믿음은 우리를 쉽게 휩쓸어 버리는 악과 부패, 억압에 대한 반역 행위입니다. 그래서 부활을 믿는다는 것은 곧 세상을 있는 그대로 받아들이기를 거부하는 일입니다. 세상은 결코 변하지 않으니 우리는 그저 있는 그대로 받아들여야 한다는 생각을 거부하는 것입니다. 부활을 믿으면 장기적인 관점에서, 즉 부활로 거슬러 올라가 종말까지 내다보는 관점으로 세상을 바라볼 수 있습니다. 지금 일어나고 있는 일들 속에서 부활과 종말의 흔적을 인식할 수 있습니다. 또한 부활을 믿는다는 것은 우리가 세상을 바라보는 관점을 변화시킬 뿐만 아니라, 우리가 세상 속에서 살아가는 방식도 변화시킵니다. 따라서 우리는 다른 사람들이 우리를 통해 새로운 생명을 볼 수 있도록 해야 합니다. 세상 속에서 생명을 죽이고 있는 곳이라면 어디든 새로운 생명을 전하는 존재가 되어야 합니다. 부활은 예수님과 초기 제자들뿐만 아니라 하루하루의 삶을 살아가는 우리에게도 분명한 변화를 가져다줍니다.

부활과 죽음 이후의 삶

몸의 부활에 대해 이야기할 때 발생하는 문제 중 하나는 자칫 유족들에게 큰 고통을 가할 수 있다는 것입니다. 사람들을 향해 사후에 그들에게 혹은 그들이 사랑하는 사람들에게 무슨 일이 일어날 것이라고 생각하느냐고 물어보면, 대개는 "몸의 부활"이라고 대답하지 않습니다. 우리에게 죽은 후에 어떤 일이 일어나는지에 대한 통일된 견해는 없지만, 대부분의 사람들은 죽은 자들의 영혼(souls)이 하나님과 함께 천국에 있으며, 우리가 죽으면 그들과 합류하게 될 것이라고 말합니다. 사랑하는 사람들이 하나님과 함께 천국에서 안전하게 거하며 인간을 둘러싼 모든 위험으로부터 보호받고 있다고 느끼는 것은 많은 사람들에게 중요하게 다가오는 것 같습니다. 그런데 부활에 대한 1세기 유대교와 신약성경의 이해에 대한 현재의 연구는 그와 대조되는 결과를 보여줍니다. 부활의 핵심은 새로운(renewed) 땅에서의 몸의 부활이라고 이야기하면서요. N. T. 라이트가 그의 저서 『하나님의 아들의 부활』(*The Resurrec-*

tion of the Son of God)에서 매우 인상적으로 표현한 것처럼, 이것이 바로 "죽음 이후의 삶" **이후의 삶**에 대한 믿음입니다. 우리는 죽음 이후에 일시적으로 존재하다가, 결국 새로운 몸의 삶으로 부활할 것입니다.

문제는 누군가가 사별했을 때 새로운 신학 개념을 제안하는 것이 몹시도 어렵다는 것입니다. 이에 더해 사별의 슬픔을 오랫동안 겪고 있는 사람의 민감한 지점을 무심코 건드리게 될 위험이 있다는 것 또한 문제입니다. 그렇다면 우리는 어떻게 해야 할까요? 그저 문제를 무시하고 넘어가라는 흔하지만 검증된 해결책을 써야하는 걸까요? 그저 듣기 좋고 문제를 일으키지 않는 좋은 말만 해야하는 걸까요? 그러나 이것은 근본적으로 만족스럽지 않은 해결책입니다. 제 생각에 우리는 죽음 이후의 삶과 그것이 의미하는 바에 대해 더 많이 이야기를 하고 싶은 갈망을 가지고 있습니다. 물론 그것을 섬세하게 잘 이야기해야 하겠죠. 솔직히 교회들이 우리가 죽음 이후의 삶에 대해 "믿지 말아야 할 것"만 가르치는 것처럼 느껴질 때가 많습니다. 나머지 중요한 내용들은 그저 우리에게 남겨 둔 채 말이지요. 그러다 우리가 잘못된 방향으로 갈 때만 또다시 우리에게 가르치려는 것 같이 느껴질 때가 많습니다. 그렇다면 지나치게 확대 해석하지 않으면서도, 동시에 부활에 대한 성경적 개념을 올바르게 다룰 수 있는 방법은 없는 걸까요? 이에 대해 함께 살펴볼 만한 두 가지 견해가 있습니다.

첫째, 일반적인 생각에 변화가 필요하지 않으며, 이미 진리로 여겨지는 내용에 부활만 덧붙이면 된다는 견해입니다. 예를 들어, 다니엘서 12:2과 같이 죽은 사람들이 부활의 순간까지 땅에 누워 있다는 것을 암시하는 듯한 기록도 있고, 죽은 사람들의 영혼이 지금 하늘에 있다고 말하는 기록도 있습니다. 특히 흥미로운 예로 에녹서 22:1-4(그리스도가 오시기 약 300년 전에 쓰인 문헌)을 들 수 있는데, 여기에는 악인과 의인 모두가 심판의 날까지 머무는 하늘나라의 여러 구역들이 언급되어 있습니다. 그들은 심판의 날을 기다리며 하늘나라에 머물다가 이후 죽음에서 부활합니다. 이는 오늘날 많은 사람들이 믿고 있는 내용과 크게 다르지 않으며, 마치 일반적인 생각에 부활을 끼워넣은 것과 같습니다.

둘째, 시간의 본질에 대한 견해, 즉 지상의 시간과 하늘의 시간이 같지 않다는 견해입니다. 성경은 여러 차례 이러한 생각을 드러내는데요, 이를테면 시편 90:4이 있습니다. "주의 목전에는 천 년이 지나간 어제 같으며 밤의 한 순간 같을 뿐임이니이다"(시 90:4). 여기에 예수님의 부활이 시간을 변화시켜 종말이 이미 현재에 시작되었다는 믿음이 더해집니다. 이는 새 하늘과 새 땅, 부활과 심판이 (동시에는 아니지만) 모두 일어났을 수도 있음을 암시합니다(저에게 그 방식을 상세히 설명해 달라고 하지 마세요). 그렇다면 놀랍게도 우리가 마지막 날을 기다리는 동안, 죽은 자들은 이미 그 날에 부활을 했을지도 모릅니다.

결국 우리는 죽음 이후에 무슨 일이 일어날지 아무도 정확히 모른다는 사실을 인정해야 합니다. 성경과 성경 외의 문헌들(우리가 가진 성경과 비슷한 시기 혹은 그 이후에 쓰여졌지만 정경에 포함되지 않은 유대 문헌 및 기독교 문헌)을 통해 사후에 일어나는 일을 이해하려는 시도는 그저 시도일 뿐입니다. 부활이나 심판과 같이 많은 사람들이 공통적으로 믿는 요소들도 있지만, 죽은 사람들의 영혼이 부활하기 전에 하늘에 있는지 아니면 땅의 먼지 속에 잠들어 있는지, 모든 사람이 부활할지 아니면 의인만 부활할지 등 눈에 띄는 차이점도 있습니다. 이 주제에 대한 N. T. 라이트와 앨런 시걸(Alan Segal)의 저서가 그토록 방대한 이유는 그만큼 다양한 가능성들이 있고, 그 가능성들을 철저하게 다루려면 많은 지면이 필요하기 때문입니다. 죽음 이후의 삶에 대해 우리가 절대적인 확실성을 가지고 말할 수 있는 것은 거의 없습니다. 그렇지만 모호하고 명확하지 않고 불확실한 상황에서도 계속해서 연구해야 합니다. 그만큼 많은 사람들이 필사적으로 이야기하고 싶어 하는 신학 개념들 중 하나이니까요.

부활과 우리

어떤 면에서는 부활이 우리의 일상적인 일과는 동떨어진 것처럼 보일 수 있습니다. 막연하고 추상적으로 느껴지기 때문에 우리의 삶과는 다소 동떨어진 것처럼 느껴지니까요. 부활에 대해 이야기하는 것이 좋기는 하지만, 과연 그것이 우리가 학교에 가거나 출근을 하거나 친구들과 수다를 떨 때 어떠한 차이를 가져다 주는 걸까요? 이에 대한 사도 바울의 대답은 "세상이 완전히 달라졌다"입니다. 부활의 결과로 여러분이 누구인지, 여러분이 어떻게 학교를 다니고 어떻게 출근을 하는지, 어떻게 친구들과 대화를 나누는지가 완전히 달라졌다는 것입니다.

바울이 말하는 바를 이해하기 위해서 우리는 개인적 정체성과 공동체적 정체성에 대해 조금 더 생각해 볼 필요가 있습니다. 오늘날 우리는 거의 예외없이 개인의 정체성만 생각하는 시대에 살고 있습니다. "나는 생각한다, 그러므로 나는 존재한다"(I think therefore I am)로 번역되는 데카르트의 유명한 명언은 "나"라는 대명사에 엄청난 강조점을 두고 있습니다. 저는 데카르트의 명언을 들을 때마다, 지금은 고인이 된 위대한 존 오도노휴(John O'Donohue)가 했던 기발한 농담이 생각납니다. 어느 날 데카르트가 술집에서 술을 마시고 있는데 바텐더가 다가와서 한 잔 더 마실 수 있겠냐고 물었습니다. 데카르트는 거절했습니다. 그런데 바텐더가 억지로 또 권했고 데카르트는 잠시 머뭇거리다가 "생각 없어요"라고 말했습니다. 그 순간 그는 사라졌습니다. 이 농담의 요점은 개인의 존재가 전부라는 것입니다. 데카르트에 따르면 그가 생각하지 않는다면 그는 존재하지 않습니다. 하지만 이러한 개념은 바울을 비롯한 1세기 사람들에게는 결코 이해할 수 없는 개념이었습니다.

위대한 대주교이자 정치적인 운동가였던 데스몬드 투투(Desmond Tutu)는 우리가 가진 개인주의보다 바울에게 훨씬 더 어울리는 신학으로 인정을 받았습니다. 흔히 "우분투 신학"(Ubuntu theology)이라고 불리는데요, 이는 아프리카인들이 가진 상호 연결성에 대한 이해를 바탕으로 합니다. 투투에게 있어 데카르트의 명언은 "나는 사람이다. 그러므로 나는 속해 있다" 또는 "네가 존재한다. 그러므로 내가 존재한다"로 바뀌어야 합니다. 그리고 아주 어린 아이들도 이것을 이해한다는 점이 흥미로운 부분입니다. 제 딸 하나가 어렸을 때, 놀이 학교에서 자신의 모습을 그려보라는 숙제를 한 적이 있습니다. 제 딸은 다른 친구들보다 훨씬 더 오랫동안 그림을 그렸고 마침내 저에게 그 결과물을 보여 주었는데요. 거기에는 저와 남편, 그리고 두 딸의 모습이 정성스럽게 그려져 있었습니다. 저는 딸에게 "우와! 멋지다, 너만 그려도 괜찮았는데, 우리 모두를 그렸구나!"라고 말했죠. 그러자 딸은 저를 돌아보며 이렇게 말하더군요. "이게 저예요, 저와 제 가족이요". 그 당시 딸은 전적으로 가족의 관점에서 자신을 바라보았던 것 같아요.

성경 곳곳에서 우리는 성경의 저자들이 대개 개인적인 차원에서보다, 공동체적인 차원에서 사유했다는 증거를 발견할 수 있습니다. 대표적인 예가 바로 율법을 지키는 일입니다. 그리스도인들은 자주 율법에 대한 히브리인들의 태도를 오해하는데요, 이는 우리가 개인적인 차원에서 생각하는 것이 익숙하기 때문입니다. 흔히 유대인들은 율법이 요구하는 바를 행함으로 구원을 얻을 수 있다고 생각했을 것이라 가정하는데요, 이는 사실이 아닙니다. 유대인은 유대인으로 태어났기 때문에 유대인이었습니다. 어떤 일을 하거나 하지 않음으로써 더 유대인이 되거나 덜 유대인이 될 수는 없었습니다. 한 유대인이 율법을 어긴다고 해도 그 사람은 여전히 유대인이었습니다. 그 사람이 나쁜 유대인이었을 수도 있지만 그럼에도 분명 유대인이었습니다. 율법 준수의 핵심은 개인의 구원이 아니라 민족 전체의 구원에 있었습니다. 만일 민족 전체가 율법을 지킨다면, 언약은 온전할 것이고 하나님은 그들을 그들의 원수들로부터 구원하실 것입니다. 언약의 논리는 거의 전적으로 공동체적 정체성을 전제로 합니다. 민족 전체가 신실하면 민족 전체가 구원을 받습니다.

우리가 얼마나 개인주의에 얽매여 있는지를 보여주는 흥미로운 예가 하나 있습니다. 제가 이러한 내용을 이런저런 모임에서 함께 나눌 때면, 누군가 저에게 이렇게 묻곤 합니다. "민족 전체가 신실하다고 여겨지려면, 몇 퍼센트의 사람들이 율법을 지켜야 하나요?" 이것은 아주 개인주의적인 사고방식입니다. 신실함(혹은 신실하지 않음)은 개인의 특성이 아니라, 민족 전체의 특성입니다. 민족이 서로 간의 관계 속에서, 그리고 하나님과의 관계 속에서 함께 어떻게 행동할 것인지는 아주 중요한 문제였습니다. 세상을 공동체적인 관점에서 바라보는 것은 곧 이스라엘 민족 "전체"가 어떻게 행동하는지가 중요한 문제라는 것을 인식하는 일이며, 또한 각 사람들의 태도와 행동이 좋든 나쁘든 서로를 전염시킨다는 점을 인식하는 일입니다. 어떤 의미에서 보면, 아브라함이 도시 소돔의 생존을 위해 하나님과 흥정할 때 벌어진 일이 바로 그러한 사례라고 볼 수 있습니다. 창세기 18:23-33의 이야기는, 하나님께서 소돔을 멸망시키지 않으려면 그곳에 얼마나 많은 의인이 필요한지에 대한 (하나님과 아브라함의) 대화를 담고 있는데요. 아브라함은 필요한 의인의 수를 50명부터 시작하여 10명까지 줄여나가고, 하나님께서는 의인 10명을 찾을 수 있다면 소돔을 멸망시키지 않겠다고 약속하셨습니다. 하지만 소돔이 멸망했다는 사실은 곧 그곳에 의인이 10명도 채 되지 않았음을 가리킵니다. 그리고 이는 의인이 10명만 있었어도 그들의 의로움이 그곳 사람들 전체를 (의로움으로) 전염시킬 수 있었지만, 그 수에 미치지 못하면 그 일이 아주 어렵다는 것을 시사합니다.

또한 이는 공동체(몇 가지 예를 들자면, 민족, 도시, 직장, 교회 등)도 개인과 마찬가지로 "성격"을 가질 수 있음을 시사합니다. 예를 들어, 어떤 직장은 분위기가 긍정적이고 따뜻해서 다른 직장보다 일하기가 쉬운 반면, 또 어떤 직장은 분위기가 어둡고 부정적이어서 아주 힘든 곳도 있습니다. 저는 분위기가 너무 어두워서 제대로 일을 하기가 어려웠던 모임에 몇 차례 가본 적이 있습니다. 이는 분명 구성원 개개인의 태도보다 그룹 전체의 태도가 더 큰 힘을 발휘하는 공동체적 정체성의 한 사례입니다. 공동체의 정체성을 바꾸는 것은 분명 가능한 일입니다. 물론 그러기 위해서는 아브라함의 이야기에서처럼, 헌신적이고 결단력 있는 사람들이 모여서 공동체 전체를 이전과 다른 존재 방식으로 전염시켜야 하겠지요.

저는 우리가 개인주의를 멈추고 다시 공동체적 정체성을 수용해야 한다고 말하려는 것이 아닙니다. 그것이 과연 가능은 한 일인지, 또 가능하다고 해도 정말로 바람직한 일인지 잘 모르겠습니다. 제가 말하려는 것은 우리가 부활과 같은 신약성경의 내용들을 올바로 이해하려면, 반드시 공동체적 세계관으로부터의 통찰이 필요하다는 것입니다. 그리스도인의 정체성에 대한 바울의 이해는 대부분 예수님의 죽음과 부활, 그리고 "그리스도 안에"(In Christ) 있는 것에 기초하고 있습니다. 이 부분은 성경(특히 바울서신)에 대한 실제적인 연구에서 더 자세히 살펴볼 것이지만, 지금까지 제가 말한 내용들을 토대로 여기서도 간략하게 설명하는 것이 좋을 것 같습니다.

사도 바울은 예수님의 부활이 예수님을 (죽음에서 생명으로) 변화시켰을 뿐만 아니라, (종말을 현재로 가져옴으로) 시간을 변화시켰다고 생각했습니다. 그리고 거기에 더해 우리까지도 변화시켰다고 생각했지요. 그런데 이러한 생각은 우리가 공동체적인 차원에서 받아들일 때만 의미가 있습니다. 로마서 5-6장에서 바울은 아담과 그리스도에 대해 이야기하는데요, 거기서 바울은 아담에 대해 이야기하면서 공동체적 정체성을 염두에 두고 있습니다. 그리스도 이전에 우리의 공동체적 정체성은 아담에 의해, 다시 말해 그가 망가뜨린 하나님과의 관계에 의해 형성되었습니다. 바울은 인간의 지배적인 정신(ethos)은 불순종, 그리고 하나님과의 불완전한 관계에 놓여 있었다고 주장합니다.

"아담 안에"(in Adam) 있는 우리의 정체성에서 벗어날 수 있는 유일한 방법은 죽음입니다. 그래서 예수님의 죽음은 아담 안의 정체성에서 벗어날 수 있는 길을 열어 주었습니다. 그리고 예수님의 부활은 새로운 정체성, 그리스도 정체성의 길을 열어 주었습니다. 즉, 이제는 아담(과 그가 누구인지)이 아니라, 그리스도(와 그분이 누구이신지)에 의해 형성된 정체성을 가질 수 있게 된 것입니다. 우리의 세례는 그리스도와 함께 죽고 함께 부활한다는 의미를 담고 있습니다. 이를 통해 우리는 아담의 불완전함이 아닌 그리스도의 완전함에 전염된 새로운 공동체적 정체성을 갖게 됩니다. 우리가 "그리스도 안에" 있다면 우리는 새로운 정체성을 갖게 됩니다. 즉, 그리스도처럼 세상을 바라보고 그리스도처럼 세상에서 행동하는 그리스도의 정체성을 갖게 됩니다. 바울의 생각에 따르면 우리가 "그리스도 안에" 있으면서도 여전히 이전과 같은 사람일 수는 없습니다. 우리가 누구인지, 무엇을 생각하고, 무엇을 하는지에 대한 모든 것이 이제 그리스도로 인해 전염됩니다. 그 결과 우리의 삶은 이전과 완전히 달라지게 됩니다.

따라서 우리가 학교에 가고, 출근을 하고, 친구들과 대화하는 방식 등이 그리스도다움으로 전염될 것입니다. "그리스도다움"은 사랑으로, 나보다 남을 먼저 생각하는 마음으로, 절망의 상황에 새 생명을 불어넣는 일 등으로 드러날 것입니다. 이처럼 "그리스도 안에" 있는 것은 우리 삶의 모든 측면에 영향을 미칩니다. 심지어 가장 일상적인 일에도 영향을 미치고요. 최근 몇 년 동안 유행한 "예수님이라면 어떻게 하셨을까?"(What Would Jesus Do?)의 약어(WWJD)가 이러한 가치 체계와 닮은 구석이 있습니다. 그 표현은 우리에게 예수님을 본받으라고 말합니다(이는 분명 좋은 시작입니다). 그러나 부활의 삶을 살려면 한 걸음 더 나아가야 합니다. 우리는 예수님을 본받아야 한다는 부르심을 받았습니다. 그런데 그 부르심보다 더 강렬한 부르심은 우리가 그분으로 인해 변화되어야 한다는 부르심입니다. 다시 말해, 우리의 옛 자아가 그리스도를 닮은 새로운 자아로 변화되어야 합니다.

문제는 이러한 소명이 자주 불가능하다는 점입니다. 우리는 그리스도를 닮아가야 하는 우리의 소명에 자주 실패합니다. 바로 이 지점에서 우리는 "마지막 때의 희미한 빛"이라는 개념으로 되돌아갑니다. 우리가 하룻밤 사이에 완전히 그리스도를 닮은 사람이 될 수는 없습니다. 심지어 평생 그리스도 안에서의 신실한 삶을 산다해도, 여전히 우리의 삶은 희미한 모방에 불과할 것입니다. 하지만 우리는 이러한 사실에 낙담할 것이 아니라, 확신해야 합니다. 예수님의 부활이 가능성을 열어준다는 것을요. 교만과 탐욕과 이기심만 가득했을 곳에 넉넉한 마음과 이타심, 겸손의 순간이 일어날 때, 우리는 희미한 빛의 순간이 온 것을 알아차리고 기념할 수 있게 되었습니다. 또한 우리는 (그러한 순간이 일어나지 않을 때) 그러한 순간을 가져오도록 부르심을 받았습니다.

부활과 승천과 성령 강림

그러나 부활은 승천과 성령의 강림 없이는 완전하지 않습니다. 예수님의 죽음, 부활, 승천과, 성령의 강림이라는 과정 전체가 하나의 큰 덩어리입니다. 그 과정이 간단하면서도 중요한데요, 먼저 예수님의 죽음과 부활은 우리를 변화시키고 우리가 하나님께서 원하시는 백성이 될 수 있게 한다는 점에서 중요합니다. 그런데 예수님의 승천과 성령 강림도 그와 마찬가지로 중요한데요, 특히 예수님의 승천일은 안타깝게도 자주 간과되곤 하는 교회 절기 중 하나입니다. 대부분의 사람들의 경우 예수님의 승천을 어떻게 기념해야 할지조차 잘 모릅니다. 하지만 그것을 놓치면, 성금요일(Good Friday)과 성령 강림주일(Pentecost Sunday)을 잇는 중요한 연결 고리를 놓치게 되는 셈입니다. 부활은 그리스도 안에서 우리에게 변화를 가져다주고, 승천은 우리에게 새롭게 행동할 동기를 부여하며, 성령 강림은 우리에게 행동에 옮길 수 있는 능력을 줍니다.

솔직히 말해서 꽤 많은 사람들이 게으른 태도를 가지고 있는데요, 이를테면 만일 누군가 이미 무언가를 하고 있다면, 대부분의 사람들은 그 일을 그들에게만 맡겨두려고 합니다. 승천이 중요한 이유는 만일 부활하신 그리스도께서 하늘로 승천하지 않으시고, 여전히 이 땅에서 복음을 선포하고 병자를 고치고, 가난하고 억압받는 사람들과 친구가 되어 주셨다면, 우리 대부분은 그 일을 계속해서 그분에게만 맡겨두었을 것이라는 데 있습니다. 승천이 없었다면 아마도 우리는 그분의 메시지를 적극적으로 선포하는 사람이 되기보다는, 그저 그분의 사역을 수동적으로 받아들이는 사람이 되었을 것입니다. 예수님께서 부활하신 후 그분에게 무슨 일이 일어났는지를 파악한 제자들은, 다시 이전의 삶의 형태로 돌아갈 위험에 처했습니다. 제자들에게 가장 필요한 것은 "공백"이었고, 그것이 바로 승천이 일어난 이유입니다. 그 공백은 오로지 제자들이 예수님의 사역을 이어감으로써만 채워질 수 있었으니까요.

하지만 예수님의 부활과 승천도 성령의 강림 없이는 아무런 소용이 없습니다. 승천 당시 예수님께서 남기신 공백을 제자들만의 힘으로 채울 수는 없기 때문입니다. 성령의 강림으로 인해 제자들은 이전에 할 수 없었던 일을 할 수 있는 능력

을 받았습니다. 성령으로 충만해진 제자들은 예수님의 부활의
의미를 온전히 이해할 수 있었고, 예수님의 승천과 그분이 내
리신 복음을 전하라는 명령이 그들을 세상 속에 보낸 것이라
는 점을 깨달았습니다. 무엇보다도 성령이 그들에게 예수님의
명령을 수행할 수 있는 능력을 주셨습니다. 성령으로 충만해
진 제자들은 인간적인 한계와 두려움, 불안과 염려를 뛰어넘
어, 마침내 예수님이 부탁하신 모든 일을 행할 수 있었습니다.

예수님의 죽음, 부활, 승천, 그리고 성령의 강림이라는 네
가지 연결 고리는 우리 그리스도인을 지탱하는 토대이며 근간
입니다. 그렇다면 이것은 오늘날 우리 삶에 어떠한 차이를 가
져오는 걸까요? 제 생각에 그 대답은 "모든 면에서 차이를 가
져온다"인 것 같습니다. 예수님의 죽음, 부활, 승천, 성령 강림
을 인식하며 사는 삶은 곧 "변하지 않을 수 없는 삶"입니다. 새
로운 눈으로 세상을 보도록 부르심을 받은 것이니까요. 우리
는 그리스도 안에서 변화된 삶을 살라고, 성령의 감동에 따른
삶을 살라고 부르심을 받았습니다.

부활의 삶을 사는 것

어떤 사람들은 "부활의 삶"을 사는 것을 인생의 기복에 관
계없이 언제나 밝게 살아야 한다는 의미 정도로 이해합니다.

하지만 이러한 이해는 그리스도 안에서의 삶으로 인해 여러 가지 실제적인 고난을 겪고, 또 자주 그 고난에 대해 이야기했던 신약성경 저자들이 가진 이해와는 거리가 멉니다. "부활의 삶"의 진정한 의미는 우리가 반석 위에 발을 굳게 디디고, 그리스도가 가져다 주시는 희망에 우리의 영혼을 단단히 고정시킨 채, 고난의 시기를 맞이한다는 것입니다. 고난이 경감된다거나, 다른 사람들처럼 고통을 느끼지 않게 된다는 뜻이 아닙니다. 여기서 기독교 전통의 수많은 역설 중 하나가 나타나는데요, 바로 완전한 황폐함 옆에 영광이 있고, 죽음의 고통 옆에 부활이 있다는 것입니다. 비록 이것들이 고통을 덜어주지는 못하지만, 우리가 터벅터벅 앞으로 나아가는 데는 분명 도움을 줍니다. 이러한 진리는 우리가 손가락 끝으로만 겨우 붙잡게 될 수도 있고, 정말 안 좋은 시기에는 완전히 잊어버릴 수도 있는 진리이지만, 그럼에도 언제든 우리가 다시 받아들일 수 있습니다. 그 진리는 여전히 우리를 기다리고 있습니다. 부활을 믿는다는 것은 곧 죽음이 전부가 아니라는 것, 절망 너머에 희망이 있다는 것을 믿는 것입니다. 다시 말해, 바울의 말처럼 삶이 우리에게 무엇을 내던지든, "사망이나 생명이나 천사들이나 권세자들이나 현재 일이나 장래 일이나 능력이나 높음이나 깊음이나 다른 어떤 피조물이라도 우리를 우리 주 그리스도 예수 안에 있는 하나님의 사랑에서 끊을 수 없다"(롬 8:38-39)는 사실을 믿는 것입니다.

하지만 그렇다고 해서 우리가 언제나 이 진리를 마음속 깊이 느낄 수 있다는 것은 아닙니다. 믿음은 오늘, 내일 혹은 그 다음날 느끼는 "감정"에도 불구하고 계속해서 앞으로 나아가는 것입니다. 부활의 삶을 산다는 것은 불확실성과 상실감 속에서도 부활하신 예수님의 갑작스럽고 강력한 임재를 기대하는 것입니다. 하지만 그와 동시에 그 임재를 느끼든 느끼지 못하든 관계없이 계속해서 앞으로 나아가는 것입니다. 이에 대한 가장 강력한 증인 중 한 명이 바로 마더 테레사 입니다. 마더 테레사의 죽음 이후 많은 사람들이 그들의 신앙 여정 가운데 영감을 얻기 위해 그녀를 찾았는데요, 그리고 그들 중 다수는 마더 테레사가 대부분의 일생 동안 예수님의 임재를 느끼지 못했음에도 불구하고, 계속해서 앞으로 나아갔다는 사실을 깨닫고 놀라게 됩니다. 부활의 삶을 산다는 것은 우리 안에 있는 부활의 생명을 늘 느끼며 살아간다는 의미가 아닙니다. 부활의 삶을 산다는 것은 삶이 우리를 어떠한 상황과 형편에 집어넣든 간에, 매일의 일상 속에서 슬픔을 넘어선 기쁨, 절망을 넘어선 희망, 죽음을 넘어선 생명의 원칙을 살아내려고 애쓰는 것을 의미합니다.

R. S. 토마스의 시, 갑자기(Suddenly)는 부활하신 그리스도와 우리의 관계에 대해 많은 부분을 설명해 줍니다. (늘 예상되지 않는) 우리가 기다린 그분의 임재는 소란스럽지 않게, 소리도 없이 조용히 나타났다가 우리가 눈치 채기도 전에 사라집니다. 그 존재의 거대함으로 우리의 감각들을 뒤덮으면서요. 시 전체에서 가장 감명 깊은 표현 중 하나가 마지막 부분에 나오는데요, 토마스는 도박꾼들이 내기한 옷을 이미 "부활하신" 예수님께서 입으셨다고 표현합니다. 물론 시의 논리에 따르면 이는 예수님의 부활을 가리키지만, 그럼에도 그분의 부활이 우리의 부활이 될 것이라는 희미한 단서가 엿보이기도 합니다. 실제로 사도 바울도 그렇게 생각했습니다. 그리스도의 부활을 통해 가능해진 이 부활의 실재는 이제 우리의 부활의 실재입니다. 앞서 제가 어렸을 때 부활에는 예수님께서 죽은 자들 가운데서 다시 살아나셨다는 사실, 그 이상의 무언가가 담겨 있을 것이라 생각했다고 언급했는데요, 이제 저는 그 이상의 무언가가 무엇인지 알게 되었습니다. 그것은 곧 예수님만 부활의 실재를 사시는 것이 아니라 저 역시도 그러한 실재를 살게 되었다는 것입니다. R. S. 토마스의 표현처럼 "성배가 바다로 차고 넘치듯이" 이제 제가 그분으로 차고 넘치게 되었습니다.

더 읽어 볼 만한 책

Martha Himmelfarb, *Ascent to Heaven in Jewish and Christian Apocalypses*, Oxford University Press, 1993.

Alan F. Segal, *Life After Death: A History of the Afterlife in Western Religion*, Doubleday Books, 2004.

Desmond Tutu, *No Future without Forgiveness*, Rider and Co., 1999. [= 『용서 없이 미래 없다』, 사자와어린양, 2022]

Geza Vermes, *The Resurrection*, Penguin Books, 2008.

Rowan Williams, *Resurrection: Interpreting the Easter Gospel*, 2nd edn, Darton, Longman & Todd, 2002.

J. Edward Wright, *The Early History of Heaven*, Oxford University Press, 2002.

N. T. Wright, *Resurrection*, DVD, IVP Connect, 2006.

N. T. Wright, *The Resurrection of the Son of God*, SPCK, 2003. [= 『하나님의 아들의 부활』, CH북스, 2005]

제1장

매듭짓지 않은 이야기

제1장 매듭짓지 않은 이야기

부활과 마가복음

서론

여러분은 어떤 결말이 좋은 결말이라고 생각하세요? 제가 아이들과 함께 영화를 보려고 할 때면 언제나 아이들은 저에게 해피 엔딩인지 아닌지를 묻습니다. 제가 아니라고 하면 아이들은 아예 보려고도 하지 않아요. 물론 저는 그런 아이들의 행동이 충분히 이해됩니다. 저 역시 좋은 결말이 예상되지 않는 영화나 책을 보는 것이 상당히 힘들거든요. 결말이 해피 엔딩이든 혹은 그저 매듭짓지 않은 이야기를 잘 엮어낸 엔딩이든 말이죠. 마가의 결말은 아무리 생각해봐도 도저히 "좋은" 결말이라고 부르기 힘들어 보입니다. 이야기가 그저 흐지부지 끝나는 것 같아요. 마치 마가가 더 이상 할말이 없어 그냥 포기한 건 아닐까 하는 느낌이 들 정도입니다. "여자들이 몹시 놀라 떨며 나와 무덤에서 도망하고 무서워하여"(막 16:8). 이러한 본래 결말이 너무나도 기이해 보이기 때문에, 후대 기독교 전통은 그것을 보완하기 위해 몇 가지 결말을 덧붙였습니다. 그래서 우리에게는 (당시에는 절 숫자조차 부여되지 않은) 짧은 결말과, 그보다 긴 결말(막 16:9-20)이 있습니다. 또한 우리가 혹 잃어버린 결말은 어떤 결말이었을지에 관한 무수히 많은 추측들이 있습니다.

좋은 결말을 선호하는 제 평소 취향을 감안해 볼 때, 마가복음의 결말, 즉 그 끝이 조금 잘려 나간 듯한 결말이 저에게는 완전히 만족스럽게 느껴진다는 것이 저조차 이상합니다. 여기에는 분명 다양한 이유가 있겠지만, 제 생각에 가장 중요한 이유는 바로 마가의 복음(좋은 소식)이 아직 끝나지 않았다는 점입니다. 마가의 복음은 그저 "하나님의 아들, 예수 그리스도의 복음"(막 1:1)에 대한 서언(prologue)일 뿐입니다. 그 이야기가 진행되다가 우리 각자의 삶 안에서 실증되지요. 따라서 마가가 전하는 예수 그리스도의 복음의 결말은 더욱 유심히 지켜봐야 합니다. 그 결말이 좋은 결말일지 아닐지는 마가만큼이나 우리에게도 달려 있기 때문입니다.

마가복음 15:38-39 (개역개정)

³⁸ 이에 성소 휘장이 위로부터 아래까지 찢어져 둘이 되니라. ³⁹ 예수를 향하여 섰던 백부장이 그렇게 숨지심을 보고 이르되 이 사람은 진실로 하나님의 아들이었도다 하더라.

함께 더 읽을 말씀: 마가복음 15:27-47

혹 여러분이 제가 플롯을 놓쳤다고 생각할까봐 미리 밝히고 싶은 것이 있습니다. 저 역시 이 구절들은 십자가 처형 이야기에서 비롯된 것이지, 부활 이야기에 해당하는 것이 아니라는 점을 잘 알고 있습니다. 하지만 예수님의 죽음에 관한 다른 많은 이야기들과 같이, 이 구절들 또한 앞으로 다가올 일에 대해 우리에게 힌트를 주고 있습니다. 지금까지 예수님의 죽음 이야기는 계속해서 암울하기만 했습니다. 예수님의 제자들은 모두 도망쳤습니다. 예수님은 조롱과 채찍질을 당합니다. 군인들은 예수님의 옷을 놓고 내기를 합니다. 결국 예수님은 죽음을 맞이합니다. 그렇게 홀로 버려집니다.

그런데 그때 한 줄기 빛이 나타납니다. 폭풍우가 몰아치는 날 커다란 먹구름을 뚫고 들어오는 한 줄기 햇살을 떠올려 보세요. 구름은 여전히 커다랗고 대기는 여전히 불안정하여 폭풍우가 몰아치지만, 한 줄기 햇살이 비추어 우리에게 중요한 교훈을 가르쳐 줍니다. 구름 위로 해가 빛나고 있는 것처럼, 실제로는 우리가 눈으로 보는 것보다 더 많은 일이 일어나고 있다는 것을요. 마찬가지로 지금 본문을 보면 한편으로는 아무것도 달라지지 않았습니다. 예수님은 여전히 죽음에 머물러 있습니다. 홀로 버려진 상태입니다. 그런데 그때 가장 그럴 것 같지 않았던 사람이, "예수님이 하나님의 아들이었다"고 선언합니다(막 15:38-39). 그리고 우리는 그곳에 그 사람만이 있었던 것이 아님을 발견하게 됩니다. 먼발치에 몇몇 여자들도 서 있었습니다. 그녀들은 예수님의 사역 내내 그분을 따랐고 비록 멀리 떨어져 있기는 하지만 지금도 따르고 있습니다(막 15:40-41).

마가복음 안에서 예수님이 하나님의 아들이라는 말씀이 세 차례 선포되는데요. 가장 먼저는 예수님께서 세례를 받으실 때입니다(막 1:9-11). 예수님께서 물에서 올라오시면서 하늘이 갈라지는 장면이 나오는데요, 그리고 거기서 우리는 "내(하나님) 사랑하는 아들"(막 1:11)이라고 선언하시는 하나님의 음성을 듣습니다. 이와 아주 유사하게, 변화산에서 예수님과 동행했던 세 제자는 구름을 보게 됨과 동시에 예수님을 "내(하나님) 사랑하는 아들"이라고 선언하는 소리를 듣게 됩니다(막 9:7). 하늘이 열리고 구름이 나타나는 것은 모두 신적인 계시의 순간을 가리키는 표시입니다(이를테면 사도행전 7:55이나 출애굽기 13:21을 보세요). 그리고 우리는 성전의 휘장, 곧 성전의 나머지 부분들로부터 지성소(Holy of Holies)—하나님께서 그분의 백성들 가운데 머무시는 성전의 일부—를 구분하는 휘장이 찢어지는 것을 보고 다른 계시를 듣게 됩니다. 그러나 이번에는 말씀하시는 분이 하나님이 아니라 로마의 백부장입니다. 예수님의 죽음을 감독하는 일을 맡았던 백부장은 고난을 당하고 십자가에 못 박히신 예수님이 하나님의 아들임을 선포합니다. 백부장이 예수님을 가리켜 하나님의 한 아들(a son)을 말했든, 하나님의 그 아들(the Son)이라고 말했든 간에(여러 학자들이 지적한 것처럼 그리스어에서는 둘 다 가능합니다), 그는 제자들이 예수님이 살아계신 동안 그분에 대해 안 것보다 더 많은 부분을 알아차렸습니다. 그렇게 백부장의 말은 우리 앞에 하나의 과제로 남아 있습니다. 그가 예수님을 인정한 부분이 무엇이든지 간에, 또 예수님이 특별한 인간이었다고 말한 것이든 혹은 하나님의 아들(the Son of God)이었다고 말한 것이든지 간에, 여러분이었다면 그분을 누구라고 말했겠습니까?

지금 이 순간, 심지어 예수님께서 십자가에 달리신 순간에도 한 고비가 넘어가고 있습니다. 우리는 예수님과 함께 절망의 구렁텅이로 내려가지만 모든 것을 잃어버린 것 같은 그 때에도 어둠을 뚫고 한 줄기의 햇살이 비추고 있습니다. 눈에 보이는 것이 전부가 아님을 암시하면서요. 여전히 절망은 심각하고 여전히 희망은 보이지 않지만 그 너머로 분명 무언가가 있습니다. 바로 이러한 감각, 희망이 보이지 않는 상황 너머로 무언가가 있음을 느끼는 감각은 우리의 신앙에 있어서 아주 중요한 부분입니다. 그 감각이 반드시 절망을 덜 힘들게 만든다는 보장은 없지만, 그럼에도 우리가 터벅터벅 계속해서 앞으로 걸어갈 근거를 마련해 주는 것은 분명합니다.

마가복음 16:6-7 (새번역 참고)

⁶ 그가 여자들에게 말하였다. 놀라지 마시오. 그대들은 십자가에 못박히신 나사렛 사람 예수를 찾고 있지만 그는 살아나셨소. 그는 여기에 계시지 않소. 보시오, 그를 안장했던 곳이오. ⁷ 그러니 그대들은 가서 그의 제자들과 베드로에게 전하기를 그는 그들보다 먼저 갈릴리로 가실 것이니 그가 그들에게 말씀하신 대로 그들은 거기에서 그를 볼 것이라고 하시오.

함께 더 읽을 말씀: 마가복음 16:1-7

제가 화가 났을 때 저를 가장 짜증나게 만드는 말 중 하나
는 바로 "화내지 마"입니다. 누구나 쉽게 말할 수 있지만, 또
가장 도움이 안 되는 말이 아닌가 합니다. 그 말을 들을 때면
저는 이런 노래 가사가 떠오릅니다. "이건 내 파티야, 그러니
내가 울고 싶을 때 울거야." 앞선 상황에 적용해보면, "이건 내
인생이야, 내가 화내고 싶을 때 화낼거야"가 되겠죠. 누군가
저에게 "화내지 마"라고 말했을 때 유일한 장점은 그 말을 듣
게 된 순간 너무 짜증이나서, 제가 애초에 왜 화가 났는지를
잠시 잊어버릴 수 있다는 것입니다.

여자들에게 "놀라지 마시오"라고 명령한 천사의 말이 이
런 유형의 말이 아닌가 합니다. 해당 그리스어 단어는 완전히
놀라서 혼란스럽고 두렵다는 감정을 담고 있습니다. 하지만
저는 되려 여자들의 반응이 당연한 반응이라고 생각합니다.
가장 끔찍한 상황에서 사랑하는 사람이 죽은 일을 슬퍼하면서
무덤에 왔지만 정작 무덤은 비어 있고 그 안에서 천사만을 발
견한 상황 속에서 그와 같은 반응이 당연한 것 아닌가요? 솔
직히 저였다면 놀라움 정도에서 끝나지 않았을 것입니다. 그
렇다면 어째서 천사는 여자들에게 놀라지 말라고 말한 것일까

요? 저는 바로 두 번째 명령을 내리기 위해서라고 생각합니다. 실제로 천사는 여자들을 향해 베드로와 제자들에게 "가서 전하라"고 또다시 명령합니다. 예수님께서 살아나셨다고요. 만일 여자들이 지나치게 오랫동안 놀란 상태에 머물러 있었다면 중요한 모든 메시지를 선포하지 않은 채, 즉 그것을 가장 들어야 할 사람들에게 메시지를 전하지 않은 채 덩그러니 남아 있었을 것입니다. 공교롭게도 마가복음 안에서 천사의 그 명령은, "화내지 마"라는 명령이 저에게 미치는 미비한 영향처럼 사실상 별다른 영향을 끼치지는 못했던 것 같습니다. 여자들은 여전히 놀라서 넋을 잃고 있었으니까요. 그리고 도리어 그 감정이 더 커져가는 것처럼 보입니다. 마가복음 16:8은 여자들이 겁에 질려 달아났다고 말합니다. 이제 놀라기만 한 상태가 아니라 겁에 질려 정신이 나갈 정도가 된 것입니다.

"가서 전하라"는 명령은 마가복음 안에서 굉장히 중요한 표현입니다. 왜냐하면 이 명령 전에는 예수님의 제자들과, 예수님께로부터 치유를 받은 자들이 (예수님으로부터) 아무 말도 하지 말라는 명령만 들어왔기 때문입니다. 하지만 "아무에게도 말하지 말라"는 예수님의 명령은 영구적인 명령이 아니라 일시적인 명령이었습니다. 그들은 당시 자신들이 아는 예수님에 관해 전하지 않고, 가장 좋은 소식을 전할 때까지 기다려야 했습니다. 실제로 예수님은 그분의 사역 중에—곧 예수님 자신이 죽은 자들 가운데 살아날 때까지 아무에게도 변형에 대해 이야기하지 말라고 베드로, 야고보, 요한에게 말씀하실 때부터—그 점을 분명히 밝히셨습니다(막 9:9). 자주 그래왔듯이, 제자들이 또다시 완전히 오해를 할까봐 염려가 되셨던 것입니다. 이를테면, 가이사랴 빌립보에서 예수님께서 베드로에게 자신을 "누구라고 생각하느냐"(막 8:29)라고 물으셨을 때, 베드로는 "주는 그리스도시니이다"라고 대답했습니다. 하지만 그러고 나서 예수님께서 자신은 고난을 받고 죽임을 당해야 한다고 선언하시자 베드로는 예수님을 크게 꾸짖습니다. 예수님이 누구이신지에 관한 베드로의 이해는 기껏해야 부분적이었던 것입니다. 만약 베드로가 너무 일찍 예수님을 전하러 나갔다면, 그는 아마 예수님을 전혀 다른 인물로 만들어 버렸을 것입니다.

하지만 그들은 이제 모든 사실을 손에 넣었습니다. 예수님의 사역을 지켜봤고, 예수님의 가르침을 들었습니다. 예수님께서 가난하고 버림받은 자들에게 다가서는 것을 봤습니다. 예수님이 죽으시는 것을 봤고, 죽은 자들 가운데서 살아나신 것을 봤습니다. 이제 따로 떨어진 조각들을 모으고 나가서 선포할 때가 된 것입니다. 그러나 여자들은 겁에 질려 무덤에서 도망치고 말았습니다. 어찌보면 당연한 일이기도 합니다. 그 단계에서 예수님을 둘러싼 일들을 온전히 파악한다는 것은 무리가 있었지요. 만약 제가 그곳에 있었다면 천사가 무슨 말을 하든지 간에 그들보다도 더 빨리 도망쳤을 것입니다.

마가복음 16:8 (새번역 참고)

⁸ 그들은 뛰쳐 나와서 무덤에서 도망쳤다. 그들은 벌벌 떨며 넋을 잃었던 것이다. 그들은 아무에게도 아무 말도 못하였다. 무서웠기 때문이다.

저는 늘 철학적 수수께끼와 같은 질문 하나에 흥미를 느껴왔습니다. 바로 "한 나무가 숲에서 쓰러질 때 그 주위에 아무도 그 소리를 들을 사람이 없다면, 그래도 소리가 날까요?"라는 질문입니다. 본능적으로 우리는 "당연히 소리가 난다"고 대답합니다. 우리가 듣든지 못 듣든지 소리는 소리니까요. 하지만 과학적인 설명은 그렇게 대답하지 않습니다. 소리는 귀를 통해 우리의 감각으로 전달되는 진동이기 때문입니다. 따라서 만약 진동을 받아들일 귀가 없다면 소리 또한 나질 않는 것입니다.

마가복음의 결말도 이와 비슷한 질문을 던집니다. 예수님께서 죽은 자들 가운데서 살아나셨을 때 그 누구도 그 일에 대해 아무런 말도 하지 않는다면 그것이 그분의 권능, 죽은 자들 가운데서 살아나시는 권능을 약화시킵니까? 물론 마가복음의 독자인 우리는 이러한 질문이 완전히 가설의 질문임을 압니다. 여자들이 도망쳤고 아무런 말도 하지 않았다는 내용을 우리가 지금 읽고 있다는 사실은 곧 어느 시점에 이르러 여자들이 누군가에게 그 소식을 전했음을 시사하기 때문입니다. 만약 그렇지 않았다면 우리는 그 무덤에서 무슨 일이 벌어졌는지 전혀 알지 못할 것입니다.

그럼에도 앞에서 언급한 질문은 여전히 남아 있습니다. 만약 여자들이 아무에게 아무런 말도 하지 않았다면, 예수님의 부활의 권능은 약화될까요? 당연히 "예"와 "아니오" 모두로 대답할 수 있습니다. "예." 그러한 침묵은 어떤 면에서 부활의 권능을 약화시켰을 것입니다. 하나님께서는 측량할 수 없는 너그러움 속에서, 하나님의 일을 세상에 전하는 사명을 우리에게 맡기시는 것이 좋다고 여기셨기 때문입니다. 따라서 만일 우리가 그 일을 하지 않는다면, 그러한 위임에 담긴 경이로움을 손상시키는 것과 같습니다. 이러한 문제가 바로 사도 바울의 마음을 무겁게 짓눌렀던 문제였습니다. 바울은 로마서

10:14에서 "듣지도 못한 이를 어찌 믿으리요"(롬 10:14)라고 말하는데요, 그만큼 바울에게는 예수님께서 죽으시고 이후 죽은 자들 가운데서 부활하셨다는 소식(복음)을 전하는 것이 응당 중요하고 긴급한 일이었습니다.

그러나 다른 한편으로, 여자들이 아무에게 아무런 말도 하지 않았더라도, 예수님은 여전히 살아나셨을 것이고 죽음과 죄는 여전히 패배했을 것입니다. 여자들이 아무런 말도 하지 않았더라도, 제자들은 결국 예수님께서 갈릴리에서 그들에게 나타나셨을 때 그분의 부활을 알아차렸을 것입니다. 마찬가지로 우리가 "가서 전하라"는 도전을 수행하지 않더라도, 하나님은 여전히 하나님이실 것이며 예수님은 여전히 부활하셨을 것입니다. 하나님은 그분의 놀라운 계획에 우리가 참여하도록 초대하시지만, 그렇다고 우리의 참여를 반드시 필요로 하시는 것은 아닙니다. 인간의 실패가 세상 가운데 임재하시는 하나님을 막지는 못합니다.

저는 여기서 스테프 페니(Steff Penney)의 위대한 소설 속 한 구절이 생각납니다. 그 소설 속에서 한 등장인물이 정신 병원에서 신의 말을 들었다고 믿는 한 남자를 만난 이야기를 들려주는데요, 그는 신으로부터 세상을 죄에서 구원할 증기 기관을 발명하라는 지시를 받았다고 주장합니다. 그로 인해 그 남자의 삶은 강박관념으로 채워졌습니다. 그를 가장 괴롭힌 것은 스스로의 중요성에 대한 인식이었습니다. 만일 자신이 증기 기관을 발명해내지 못하면, 세상은 수포로 돌아갈 것이라고 느꼈습니다. 그리고 등장인물은 다음과 같이 말합니다. "그는 그 일의 계획에서 자신이 얼마나 중요한 역할을 맡았는지 알고 있었습니다. 그래서 우리 모두를 붙잡고 자신이 탈출할 수 있도록 도와달라고 빌었습니다. 자신이 중요한 과업을 계속할 수 있도록요. 고통받는 영혼들 사이에서, 거의 모두가 사적인 고통으로 괴로워 상황에서, 그의 간청은 지금껏 내가 들어본 것 중에 가장 가슴 아픈 간청이었습니다 … 그것은 바로 자신의 중요성을 아는 고통입니다." 이처럼 우리는 우리 자신의 중요성을 믿는 함정에 빠지기가 쉽습니다. 제가 보기에 마가복음의 결말은 모든 것을 아름답게 보려고 하는 것 같습니다. 실제로 우리는 예수님께서 죽은 자들 가운데서 부활하셨다는 최고의 소식을 선포하는 일에 동참하도록 초대받았습니다. 하지만 심지어 무덤에 있던 여인들처럼 공포에 휩싸여 도망친다고 하더라도, 예수님은 여전히 부활하셨을 것입니다. 분명 하나님은 그분의 계획 안에서 우리를 마땅히 받아야 할 수준보다 훨씬 더 중요한 존재로 만드셨습니다. 하지만 그렇다고 해서 모든 것이 우리에게 달려 있는 것은 아닙니다.

묵상 정리

마가복음의 가장 오래된 사본은 16장 8절로 끝이 나는데, 제가 앞서 말했듯이 저에게는 이것이 결말로 작용합니다. 어떤 사람들은 8절로 끝이 나면 그리스어 문장이 가르(γάρ, 보통 영어 for로 옮겨집니다)로 끝나게 된다고 말합니다(그리스어에 따라 문자 그대로 읽어보면, They were afraid for가 됩니다). 영어 문법을 잘 배운 사람이라면 'for'와 같은 단어로 문장을 끝내면 안 된다고 교육을 받았을 것입니다. 그러한 문장은 끔찍한 문장이라고요. 하지만 그것은 영어 문법에 해당하는 규칙이지 그리스어 문법의 규칙이 아닙니다. 그리스어 문법에서 가르(γάρ)는 언제나 문장에서 두 번째 단어로 배치되어야 합니다. 그런데 만약 가르가 포함된 두 단어로 이루어진 문장이라면, 그 문장 끝에 가르가 올 수 밖에 없겠지요.

이러한 마가복음의 결말은 마가복음의 나머지 부분들과 잘 어울립니다. 날을 세운 채 끝이 나지요. 과연 제자들은 예수님이 누구이신지를 깨닫고 예수님께서 그분의 생애 내내 그들에게 가르치시려 했던 소명에 부응하며 살아갈 수 있었을까요? 아니면 이전에도 자주 그랬듯이, 그들을 가장 필요로 하는 결정적인 순간에 도망쳐 예수님을 실망시켰을까요? 두 질문에 대한 대답 모두가 "예"가 될 수 있을 것 같습니다. "예." 그들은 또다시 예수님을 실망시켰습니다. 하지만 그러한 사건들로부터 대략 40년이 지나서 기록된 복음서를 지금 우리가 읽고 있다는 사실은 곧 궁극적으로 그들이 실패하지 않았고 예수님의 기대에 부응했음을 말해줍니다. 우리는 종종 제자들이 좋은 제자들이었는지 나쁜 제자들이었는지, 혹은 그들이 성공했는지 실패했는지에 대해 명확하게 판단 내리고 싶어 합니다. 아마도 정답은 "그들은 좋은 제자들이기도 했고, 나쁜 제자들이기도 했으며 또한 성공과 실패가 모두 뒤섞여 있었다"가 될 것 같습니다. 이는 오늘날 제자도의 길에서 고군분투하는 우리 모두에게 큰 위로가 됩니다.

제2장

드라마틱한 사건들

제2장 드라마틱한 사건들

부활과 마태복음

서론

만일 여러분이 액션이 많은 드라마틱한 이야기, 혹은 멜로 드라마에 가까운 이야기를 좋아한다면 마태복음이 가장 적합할 것입니다. 마태복음은 예수님이 죽으셨을 때 바위가 갈라지고 많은 "성도들"이 죽음에서 일어나 예루살렘을 돌아다녔다고 묘사합니다(마 27:51-53). 또한 예수님이 부활하셨을 때 큰 지진이 일어나고 경비병들이 인사불성 상태에 빠져 쓰러지는 장면, 그리고 제자들이 온 세상에 복음을 전하라는 사명을 받는 장면도 묘사합니다(마 28:2-4, 19-20). 예수의 죽음과 부활에 대한 마태복음의 이야기는 현대 공상과학 영화에 등장해도 전혀 어색하지 않습니다.

요한복음이 마리아, 도마, 베드로와의 개인적인 관계 차원에서 예수님의 부활에 대해 이야기하는 반면, 마태복음은 부활을 보다 광범위하고 폭넓은 차원에서 이야기합니다. 예수님의 부활이 (심지어 지진을 일으킬 정도로) 세상 전체에 어떠한 변화를 가져왔는지 말이지요. 마가복음의 경우 부활이 일어났다는 사실을 누군가 발견할 수 있을지 없을지 확신할 수 없는 상황을 보여준다면, 마태복음에서는 부활이 온 세상을 뒤흔들며 마땅한 관심과 반응을 요구합니다.

마태복음 27:51-53 (새번역)

51 성전 휘장이 위에서 아래까지 두 쪽으로 찢어졌다. 그리고 땅이 흔들리고 바위가 갈라지고 52 무덤이 열리고 잠자던 많은 성도의 몸이 살아났다 53 그리고 그들은, 예수께서 부활하신 뒤에 무덤에서 나와 거룩한 도성에 들어가서 많은 사람에게 나타났다.

저는 정말 관찰력이 부족한 증인입니다. 어떤 사건의 목격자 역할을 해달라는 요청을 받은 적이 몇 번 있었는데요, 그때저는 "남자 두 명 아니면 세 명 정도였는데 모두 키가 꽤 컸어요. 그런데 사실 제 눈에는 대부분의 남자들의 키가 커 보이긴 해요. 한 명은 검은색 후드티를 입었는데, 재킷도 입고 있었던 것 같기도 해요"라는 식으로 거의 쓸모없는 증언을 했습니다. 그럴 때마다 저는 진술서를 작성해야 하는 경찰분들에게 미안한 마음이 듭니다. 저 때문에 썼던 내용을 다시 지워야 하는 경우가 많기 때문이지요.

예수님의 죽음과 부활에 관한 마태복음의 이야기는 아주 중요한 일이 일어났음을 명확히 보여줍니다. 성전의 휘장이 찢어지고 땅이 흔들리고 바위가 갈라지고, 무덤이 열려서 죽은 자들이 부활하는 장면을 보여줌으로써 저같은 사람조차 금방 알아차릴 수 있도록 드라마틱한 사건을 전달하지요.

마태는 우리가 예수님의 죽음에 담긴 의미를 명확히 이해하기를 원합니다. 마가복음에서 보았듯이, 지금 이 순간이 계시의 순간일 뿐만 아니라 세상이 돌이킬 수 없이 변했다는 메시지를 강조하는 일들이 모두 일어나는 순간입니다. 예수님께서 죽음에서 부활하실 때, 무덤이 열려 성도들도 부활합니다. 이처럼 상세한 묘사는 예수님의 죽음이 세상을 크게 변화시킬 것이며, 종말이 곧 시작될 것이라는 점을 강조합니다. 물론 완전한 종말은 아직 기다려야 하지만요. 예수님의 죽음은 옛 시대와 새 시대 사이의 결정적인 국면을 나타내는 사건이었습니다. 이제 세상은 그분의 부활을 맞을 준비를 합니다. 종말의 실마리를 찾을 수 있기를 기다리면서요.

땅이 흔들리고, 바위가 갈라지고, 무덤이 열리는 장면은 마태복음의 청중들에게 이 순간이 곧 하나님의 계시의 순간이라고 설득하려는 의도를 담고 있습니다. 여기서 아이러니한 점은 마태복음이 청중들을 설득하려고 묘사했던 그 장면이, 우리에게는 가장 믿기 어려운 장면이 되었다는 것입니다. 대부분의 경우 성전의 휘장이 찢어지고, 온 땅에 어둠이 내리고, 예수님께서 부활하시는 것까지는 감당할 수 있습니다. 하지만 지진이 일어나고 바위가 갈라지고 다른 죽은 사람들이 보편적으로 부활하는 것을 보면서 조금씩 힘들어하기 시작합니다.

이 문제에 대한 쉬운 해결책은 없습니다. 마태복음 기록의 역사성에 의문을 제기하는 것은, 마치 옷에 튀어 나온 실을 잡아당기는 것과 비슷합니다. 성가신 실타래를 다 풀고 나면 결국 모든 실이 풀어 헤쳐져 엉킨 양털 더미만 남게 되지요. 반면에 마태복음의 모든 세부 묘사까지도 다 믿어야 한다고 단정적으로 주장하는 것은, 적어도 어떤 사람들에게는 마치 낙타를 삼키는 것 같이(마 23:24) 지나친 일로 느껴집니다. 그렇다면 우리는 어떻게 해야 할까요? 제 나름의 해결책은 마태가 그러한 세부 묘사를 통해서 결국 말하고자 한 것이 무엇이었는지를 살펴보는 것입니다. 다시 말해, 마태는 청중들이 이 본문을 읽고 예수님과 세상에 대해 무엇을 믿게 되기를 바랐을까요? 이것은 아주 분명합니다. 마태에게 있어서 예수님의 죽음은 이제 세상이 완전히 새로운 무언가를 맞이하고 있다는 신호였습니다. 즉, 하나님께서는 이미 세상에 개입하기 시작하셨다는 것이었습니다. 제 생각에 이것은 역사성을 따지는 질문들로 인해 우리가 막다른 골목에 갇히는 것을 피하도록 도와줍니다. 역사성을 따지는 질문들도 중요하기는 하지만, 그로 인해 종종 신약성경이 말하려는 큰 핵심을 놓치게 되는 경우가 있습니다. 물론 이러한 해결책이 저에게는 효과가 있더라도, 모든 사람에게 효과가 있으리라는 보장이 없다는 사실을 잘 알고 있습니다.

마태복음 28:2-4 (새번역)

² 그런데 갑자기 큰 지진이 일어났다. 주님의 한 천사가 하늘에서 내려와 무덤에 다가와서 그 돌을 굴려 내고 그 돌 위에 앉았다. ³ 그 천사의 모습은 번개와 같았고 그의 옷은 눈과 같이 희었다. ⁴ 지키던 사람들은 천사를 보고 두려워서 떨었고 죽은 사람처럼 되었다.

저희 가족은 "가벼운 농담"을 좋아합니다. "ㄱ으로 시작하고 거름처럼 들리는 것은?" "걸음", "코끼리처럼 생겼는데 날아다니는 것은?" "날아다니는 코끼리." 이러한 농담이 웃기게 느껴지는 이유는 너무도 당연한 것을 말하기 때문입니다. 어른이 된 우리는 때로 복잡한 답을 생각하려고 애쓰다가 코앞에 있는 뻔한 답을 놓쳐서 당황하는 경우가 많습니다.

부활에 대한 마태복음의 이야기는 너무나도 당연한 질문 하나를 던집니다(물론 농담의 형태는 아닙니다). 만일 당신이 지진을 느끼고, 또 번개처럼 생기고 옷이 눈처럼 하얀 존재를 보게 된다면, 그것은 누구일까요? 문제는 우리는 전혀 그 답을 모른다는 것입니다. 마태가 대상으로 한 당시 청중들은 그가 누구에 대해 이야기하고 있는지 즉시 알 수 있었을 것입니다. 그러나 우리는 당혹스럽기만 합니다. 마태가 천사라고 하니까 그 말을 받아들이긴 하지만 사실 어떤 맥락이 담겨 있는 것인지는 정확히 모릅니다.

마태는 구약성경 속 이미지에 정통한 사람이라면 알아차릴 수 있는 단서들을 제시합니다. 첫 번째 단서는 지진입니다. 구약성경 전체에 걸쳐 하나님의 임재는 바람, 번개, 천둥, 우박, 불, 지진과 같은 자연 현상으로 표시됩니다. 주후 1세기 히브리인의 눈으로 세상을 바라보는 사람에게는 지진에 대한 언급은 곧바로 하나님의 임재를 암시했습니다. 천사의 외형 역시 중요합니다. 예수님께서 변형되실 때 흰 옷을 입으셨기 때문에 그에 대한 암시도 담겨 있지만(마 17:2), 사실 앞서 다니엘서에서도 하나님이 "눈과 같이 흰 옷"(단 7:9-10)을 입으셨다고 묘사되고 있습니다. 더욱이 다니엘에게 나타난 한 사람의 얼굴이 "번개와 같았다"(단 10:6)고 묘사되기도 하고요.

마태복음의 청중들은 마태가 말하는 존재가 하나님의 임재로부터 직접적으로 온 존재라는 사실을 알고 있었을 것입니다. 이러한 맥락에서 볼 때 무덤을 지키던 사람들의 반응은 당연했습니다. 하나님의 임재에 가까이 다가가는 것은 아주 위험한 일이었기 때문입니다. 하나님의 얼굴을 본 사람은 죽을 수도 있다고 믿는 히브리 전통은 예수님 시대에도 여전히 유효했으며, 심지어 예수님 직후 몇 세기 동안에는 (그 전통이) 더욱 강력해지기까지 했습니다. 이러한 전통에 비추어 볼 때, 하나님의 임재에 대한 강한 암시는 그 자리에 있던 모든 사람들에게 두려움을 안겨 주었을 것입니다. 합리적으로 할 수 있는 반응은 두려움뿐이었지요. 이는 천사가 여자들에게 한 말에서도 강조되고 있습니다("두려워하지 말아라"[마 28:5]). 대부분의 영어

번역들에는 없지만, (그리스어 원문을 보면) 사실 천사는 여자들에게 "'너희들은' 두려워하지 말아라"고 말하고 있습니다. 다시 말해, 무덤을 지키는 자들이야 두려워하는 것이 이해되지만, "너희" 여자들은 두려워해서는 안 된다는 것입니다. 무심코 하나님의 임재에 머무는 것은 위험하지만, 여자들처럼 의도되거나 어떤 초대를 받아 머무는 것은 위험하지 않았기 때문입니다. 앞서 모세, 엘리야, 이사야가 그랬던 것처럼, 여자들은 하나님의 임재로 초대를 받았기 때문에, 그분의 임재를 경험해도 살아남을 수 있었습니다. 그렇기에 그녀들은 하나님의 메시지를 선포하라는 명령을 듣고, 보냄을 받았습니다.

무덤을 지키던 자들의 반응에서 볼 수 있는 한 가지 아이러니한 점은, 죽었던 예수님께서 다시 살아나신 곳에서 살아 있는 그들이 죽은 사람처럼 되었다는 것입니다(마 28:4). 압도적인 상황에 직면한 그들은 마치 "시체"(그리스어로 생명이 없고 숨이 끊긴 몸을 가리키는 단어가 사용되었음)와 같이 되었습니다. 이 지점에서 저는 그들의 반응이 부활하신 그리스도, 변형되신 그리스도의 소식을 들었을 때 보이는 우리의 전형적인 반응은 아닌지 생각해 보았습니다. 도전과 감동을 주며 우리를 휘감는 부활하신 그리스도의 임재 앞에서, 우리는 혹 생기를 잃고 무감각하게 되지는 않았나요? 죽은 자들에게 생명을 주시는 하나님의

(안전하진 않지만) 변화무쌍한 역사에 우리들은 정말로 마음을 열고 있나요?

마태복음 28:16-17 (개역개정)

¹⁶ 열한 제자가 갈릴리에 가서 예수께서 지시하신 산에 이르러
¹⁷ 예수를 뵈옵고 경배하나 아직도 의심하는 사람들이 있더라.

함께 더 읽을 말씀: 마태복음 28:9-17

"의심"이라는 단어는 특히 영어에서 많이 남용되는 단어 중 하나입니다. 또한 우리가 가장 싫어하는 단어나 문구들 중에는 그것이 지나치게 남용되어 그 의미가 바뀐 표현들이 있습니다. 최근 데일리 텔레그래프(Daily Telegraph)에서 실시한 설문조사에 따르면, "말 그대로"(literally)라는 단어가 사람들이 가장 싫어하는 단어로 1위에 올랐고, 또 다른 설문조사에서는 "하루의 끝에서"와 "상당히 독특하다"라는 표현이 1위에 올랐습니다. 제가 가장 싫어하는 표현 중 하나는 바로 "존중하지만"입니다. "존중하지만"이란 표현 뒤에는 거의 예외 없이 전혀 존중이 담기지 않은 말이 뒤따르기 때문입니다. 제 생각에 "의

심"이라는 단어 역시 이와 비슷하게 사용되고 있는 것 같습니다. "나는 그것이 상당히 의심스럽다"는 말은 대개 "나는 당신이 틀렸다고 확신한다"는 의미로 사용됩니다. 또한 "나는 의심이 든다"라는 말은 "나는 이제부터 당신이 틀린 이유를 말해주겠다"는 의미로 사용되곤 하지요. 그러나 "의심"이라는 단어는 사실 이와 같은 의미가 결코 아닙니다. 의심은 믿음과 불신 사이에 있는 단어로서, 믿음보다 불신에 더 큰 비중을 두고 있지 않습니다. 의심은 그저 확신이 부족함을 나타냅니다.

사실 제자들 중 일부가 의심을 내보인 것이 그리 놀라운 일은 아닙니다. 제자들은 그들이 사랑했고 신뢰했던 지도자가 끔찍하고 고통스럽게 죽는 것을 봤으니까요. 무덤에 있던 여자들은 지진과 신적인 옷을 입은 천사, 그리고 예수님께서 죽은 자들 가운데서 살아나신 것을 보았지만(마 28:9), 대제사장들과 장로들은 예수님의 시신이 도난당했다는 이야기를 퍼뜨리게 했습니다. 그리고 마침내 갈릴리의 한 산에서 부활하신 예수님을 직접 보게 된 것입니다. 이런 상황에서는 일단 의심을 하는 것이 좋은 선택일 수 있습니다. 마음을 닫지 않고 열어둔 채로 상황을 명확하게 파악하려고 애쓰는 것이지요.

오늘날 우리는 확실성에 집착하는 세상에 살고 있습니다. 우리는 교육에서 안락사까지, 경제에서 환경 문제에 이르기까지 다양한 주제에 대해 명확하고 확신 있는 견해를 가져야 한다는 이야기를 듣습니다. 실제로 우리는 온라인 투표와 설문 조사, 대화를 통해 정기적으로 분명하고 확실한 견해를 표현할 것을 요구받습니다. 하지만 이러한 추세가 저는 "존중하지만"이라는 표현만큼이나 마음에 들지 않습니다. 섣부른 확신은 거짓말만큼이나 진실을 좀 먹습니다. 인생의 어떤 일들은 의문을 품고 가능성을 탐색하면서 씨름하고 성찰할 시간이 필요합니다. 성급하게 확실성을 향해 가면 진실을 파악하는 능력이 약해지기도 합니다.

제가 마태복음 이야기에서 가장 좋아하는 특징 중 하나는 제자들이 부활하신 그리스도를 만났을 때, 대다수는 그분을 예배(경배)했지만 일부는 의심했다는 점입니다. 이 이야기는 의심하지 않는 사람들만이 그분께 예배를 드린 것이 아니라 모든 사람들이 예배를 드렸다는 것을 의미합니다. 마태복음에서 의심과 예배가 얽혀 있는 곳은 이 본문뿐만이 아닙니다. 마태복음 14:25-36에서도 찾아볼 수 있는데요, 거기서 베드로는 예수님처럼 물 위를 걸어가려다 가라앉기 시작합니다. 이후 겨우 배에 함께 오른 후 예수님은 베드로에게 "왜 의심하였느냐?"(마 14:31)라고 물으셨습니다. 그리고 의심하던 베드로를 포함하여 배에 있던 사람들이 모두 예수님을 예배했습니다. 오늘날 우리는 우리의 견해가 명확해야지만, 모든 세부 사항을 하나도 빠짐없이 다 살펴야지만, 예배를 드릴 수 있다고 생각합니다. 보통 의심은 예배의 정반대 편에 있다고 생각하지만 사실은 그렇지 않습니다. 우리는 우리의 확신이 아니라, 하나님에 대한 우리의 반응과 응답으로 예배합니다. 다행히도 우리는 예배를 드리기 전에 하나님에 대해서, 그리고 하나님과 세상의 관계에 대해서 모든 것을 이해할 필요가 없습니다. 사실, 때로는 의심이 우리를 하나님의 신비 속으로 더 깊이 끌어가기도 합니다. 그리고 그러한 하나님의 신비 깊은 곳에서 우리가 할 수 있는 일은 오직 예배뿐임을 발견하게 됩니다.

마태복음 28:18-20 (개역개정)

[18] 예수께서 나아와 말씀하여 이르시되 하늘과 땅의 모든 권세를 내게 주셨으니 [19] 그러므로 너희는 가서 모든 민족을 제자로 삼아 아버지와 아들과 성령의 이름으로 세례를 베풀고 [20] 내가 너희에게 분부한 모든 것을 가르쳐 지키게 하라 볼지어다 내가 세상 끝날까지 너희와 항상 함께 있으리라 하시니라.

저는 예전에 학을 종이로 접는 방법을 배운 적이 있습니다.

저를 가르치던 선생님은 저에게 세 번이나 접는 방법을 보여 주셨는데 그럼에도 제가 멍한 표정을 짓자 결국 저를 다른 사람에게 보내시며, 제가 어떻게 접는지 그 사람에게 보여주라고 하셨습니다. 이 시점에서 여러분에게 "그 결과 저는 종이학을 제대로 주름 잡아 완벽히 접을 수 있었습니다. 본래 해야했던 방법대로 말이죠"라고 말하고 싶지만, 사실 그렇지는 못했습니다. 그럼에도 그때 접은 종이학은 제가 지금까지 접었던 종이학들 중에서 가장 나았습니다. 적어도 혼자서 멍한 표정을 지으며 접을 때보다는 훨씬 나았죠.

흔히 "지상 명령"이라고 불리는 마태복음의 이 본문은 조금 위험하게 느껴지기도 합니다. 지금 이 복음서는 마가의 복음서가 아니라 마태의 복음서입니다. 따라서 제자들은 마가복음에서처럼 큰 책임과 의무를 지는 인물들로 묘사되지 않습니다. 예수님을 대신할 새로운 제자들을 세우는 것은 말할 것도 없고, 사실 제자들이 예수님이 진정 누구이신지 이해하는 능력도 많이 드러나지 않았습니다. 실제로 불과 몇 구절 전, 우리는 그들이 예수님을 예배했지만 일부는 의심했다는 이야기를 들었습니다(마 28:16). 그들은 당장에라도 나설 수 있는, 잘 준비되고 노련한 예수님의 추종자들이 아니었습니다. 지상 명령은 적어도 어떤 면에서는 종이접기 선생님이 저에게 지시했던 것과 비슷하다고 할 수 있습니다. 예수님은 제자들이 모든 것을 완전히 이해하지 못한 채로 그들을 다른 이들에게 보내어, 스스로 학습 과정을 완료할 수 있도록 도우신 것입니다.

이것은 우리에게 도전을 줍니다. 우리는 종종 준비 부족을 핑계 삼아 예수님의 명령을 회피하고 싶은 유혹을 받습니다. "나는 아직 완전히 준비되지 않은 것 같아, 좀 더 배워야 할 것 같아. 아마 내년 정도는 되어야 그나마 준비가 될 것 같아." 그런데 예수님의 사역에서 눈에 띄는 특징 중 하나는 (우리 눈에는) 거의 무책임해 보일 정도로 위험해 보임에도 불구하고, 예수님께서 초기 제자들 사이에서 시작하신 사역 속으로 우리를 보내고 계신다는 점입니다. 우리가 준비되었다고 느끼기도 전에 말이지요. 하나님에 대한 우리의 어렴풋한 이해, 우리의 의심과 불확신 속에서도, 예수님은 초기 제자들을 부르신 것처럼 지금 우리를 부르고 계십니다. 그러므로 우리는 이제 준비를 할 것이 아니라, 맡기신 일을 해야 합니다.

그것이 생각만큼 어렵고 힘든 일은 아닙니다. 예수님은 그저 제자들을 부르시고 함께 하심으로써 제자들을 만드셨는데요, 실제로 초기 제자들은 예수님과 함께 살면서 질문을 하고, 틀린 것을 알고, 더 많은 질문을 하고, 예수님을 지켜본 후에 또다시 틀린 것을 알았습니다. 그러고 나서 또 질문을 했죠. 이 모든 것은 일상생활 가운데 이루어졌습니다. 함께 먹고 함께 여행하는 가운데 말이죠. 제자를 만드는 일은 세례를 베풀고 예수님이 가르치신 것을 가르치는 데서 절정에 이르지만, 그 일의 시작은 우리의 일상 가운데서 이루어집니다. 즉, 우리의 관계 가운데서, 함께 식사하는 자리에서, 평범한 일상의 삶 가운데서 시작되는 것이죠. 그리고 바로 그러한 곳이 제자도가 시작되는 곳입니다. 예수님은 그러한 곳에서 초기 제자들에게 명령하신 것처럼 지금 우리에게 명령하고 계십니다. 다른 사람들을 예수님께 인도하라고 말이죠. 이제 우리는 다른 사람들을 제자로 삼게 될 것입니다. 또한 이전보다 더 깊고 더 그리스도에 가까운 제자도를 향해 걸어가게 될 것입니다.

묵상 정리

예수님의 죽음과 부활에 대한 마태복음의 이야기는 마가복음의 이야기와는 좀 다릅니다. 마가복음은 우리에게 미완의 결말과 미완의 과업을 남깁니다. 마가복음의 끝에서 우리는 죽음에서 부활하신 예수님께 어떻게 반응해야 할지 우리 스스로 많은 것을 고민하며 해결해 나가야 합니다. 이와 대조적으로 마태복음은 완전히 명확합니다. 죽은 사람들이 무덤에서 되살아나고, 큰 지진이 일어나고, 바위가 갈라지는 것과 같은 초자연적인 사건들은 우리에게 의심할 여지를 남기지 않습니다. 예수님께서는 직접 제자들에게 그들이 이제 무엇을 해야 하는지 말씀하신 것도 마찬가지입니다. 그럼에도 두 복음서의 여러 면에서 비슷하기도 합니다. 마가복음과 마태복음은 모두 예수님께서 부활하신 일은 우리가 다른 사람들에게 그 소식을 전하게 만들 것이다라는 분명한 기대감을 가지고 있습니다. 그 소식은 우리 자신만 알고 있기에는 너무도, 너무나도 좋은 소식이기 때문입니다.

제3장

길 위에서

제3장 길 위에서

부활과 누가복음

서론

(여러 면에서 특이한 마가복음을 제외하면) 각 복음서는 두 차례 부활
하신 예수님을 묘사합니다. 먼저는 부활 직후, 대개 무덤 주변
의 장면입니다. 또 하나의 장면은 다른 어딘가에서 예수님이
제자들에게 사명을 주시는 장면입니다. 마태복음에서 예수님
은 무덤에서 도망치는 여자들을 먼저 만나십니다. 그 다음에
모든 제자들을 산으로 한데 모으시고 그곳에서 지상 명령을
내리십니다. 요한복음에서 예수님은 무덤 근처에서 마리아를
만나시고, 그 다음에 문이 잠긴 방에서 제자들을 만나 그들에
게 성령을 불어 넣으십니다. 여기에 더해 요한복음 안에서 부
활하신 예수님은 두 차례 더 등장하시는데요, 도마에게 한 번,

그리고 호수에서 베드로를 비롯한 제자들에게 한 번 더 나타나십니다. 그리고 그 호숫가에서 베드로는 예수님께로부터 직접 사명을 받습니다.

누가복음 역시 이 패턴을 대략적으로 따르기는 하지만 그럼에도 몇 가지 특별한 차이가 있습니다. 먼저 부활하신 예수님의 첫 등장이 무덤 근처가 아니라 엠마오로 가는 길 위에서 일어납니다(눅 24:15-16). 베드로의 경우 예수님의 무덤으로 달려가 그 안을 들여다보지만 빈 무덤 속에서 세마포 외에는 아무것도 보지 못합니다(눅 24:12). 사실상 엠마오로 여행하는 두 제자의 상징적인 이야기 속에서 처음으로 예수님이 등장하시는 것입니다. 이후에도 예수님의 부활은 누가복음에 나오는 다른 많은 사건들과 마찬가지로 여행 중에, 길 위에서 드러납니다.

누가복음 23:43 (개역개정)

⁴³ 예수께서 이르시되 내가 진실로 네게 이르노니 오늘 네가 나와 함께 낙원에 있으리라 하시니라.

함께 더 읽을 말씀: 누가복음 23:39-43

"낙원"(paradise)이라는 단어는 이제 일상적인 언어로 자리를 잡았고, 실제로 우리는 곳곳에서 그 단어가 사용되는 것을 볼 수 있습니다. 인터넷 사이트에서, 유람선이나 휴양지에서, 야생동물 공원이나 심지어 네바다의 한 마을에서도 "낙원"이라는 단어를 발견할 수 있습니다. 그러한 곳들에 "낙원"이라는 단어를 사용하는 것은 평화와 행복을 떠오르게 하고, 우리가 다시 찾게 만들기 위한 목적일 것입니다. 하지만 십자가에 달린 범죄자의 경우, 예수님께서 오늘 낙원에서 자신과 함께 있게 될 것이라고 약속하셨을 때 그 의미를 어떻게 받아들였을까요? 물론 황금빛 모래사장이 펼쳐진 해변이나 크루즈 여행을 기대했을 리는 없을 것입니다. 그렇지만 그가 과연 무엇을 기대했을지 알아내는 일은 생각보다 더 어려운 일입니다.

"낙원"이라는 단어는 그리스어에서 유래했으며, 그리스어 단어는 아마도 폐쇄된 정원이나 동산(즉, 주변에 벽이 둘러 있는 정원)을 의미하는 페르시아어에서 유래했을 것입니다. 그리스어로 된 구약성경을 보면, 이 단어가 여러 차례 사용되는데요. 일반적인 동산을 가리키거나 혹은 특정한 동산, 곧 에덴동산을 가리킵니다. 이를테면, 창세기 3장에는 아담과 하와가 쫓겨난 후 폐쇄되고 봉인된 특정한 (에덴)동산이 나오는데, 거기서도 이 단어가 사용되었습니다. 그런데 시간이 흐르면서 낙원이 지상에 있는지 아니면 하늘에 있는지에 관한 다양한 견해들이 생겨났습니다. 어떤 이들은 낙원이 여전히 지상에 있지만 숨겨져 있다고 생각했고, 또 어떤 이들은 낙원이 하늘로 올라갔다고 생각했습니다. 지금은 우리가 이 단어를 "하늘나라"(heaven)라는 단어와 거의 같은 의미로 사용하지만, 사실 당시 유대인들은 그렇지 않았습니다. 같은 의미가 아니었습니다. 더욱이 설령 낙원이 하늘나라에 있다고 치더라도, 그곳은 하늘나라 안에 있는 어떤 장소(에덴동산)로 여겨졌습니다. 어찌되었든 여기서 중요한 것은 낙원(에덴동산)은 아담과 하와가 그곳을 떠날 때 봉인되었고, 인류에게 다시 한 번 개방될 마지막 때까지 계속 봉인된 상태로 남아있을 것으로 여겨졌다는 점입니다.

그렇게 여겨졌던 이유 중 하나는 그곳에 생명나무, 즉 사람이 영원히 살 수 있도록 해주는 나무가 있기 때문입니다. 인류는 하나님에 의해 필멸의 존재로 선언되었기 때문에 그 나무의 열매는 이제 마지막 때까지 맛볼 수 없습니다.[1] 또 다른 흥미로운 본문은 요한계시록 2:7입니다. "이기는 그에게는 내가

---

1   성경에서 이에 관한 유일한 예외는 그리스도 안에 있는 한 사람이 낙원을 방문한 기록입니다(고후 12:4). 하지만 이것은 분명 일시적인 방문일 뿐입니다. 그 사람(제 생각에는 바울)은 낙원을 방문했다가 다시 떠납니다.

하나님의 낙원에 있는 생명나무의 열매를 주어 먹게 하리라"(계 2:7). 이에 따르면 마지막 때 의인들은 아담과 하와가 잃어버린 것을 되찾게 될 것입니다. 에덴동산은 다시 열릴 것이며, 하나님께서는 다시 한 번 우리 가운데 거니실 것입니다. 범죄자가 오늘 낙원에서 예수님과 함께 하게 된다면, 그 말은 곧 에덴동산이 다시 열린다는 의미입니다. 예수님의 십자가 죽음으로 인해 그 일이 이루어질 수 있게 된 것입니다.

낙원에 대한 이 짧은 고찰을 통해 알 수 있는 것은 예수님이 십자가에서 하신 말씀이 우리가 흔히 생각하는 것보다 훨씬 더 큰 의미를 지니고 있다는 사실입니다. 오늘 십자가에 달린 범죄자가 받은 초대, 낙원에서 예수님과 함께 있게 될 것이라는 초대는 예수님의 죽음으로 낙원이 다시 열리고 있으며 이미 종말이 시작되었음을 알려줍니다. 이제부터 세상은 다른 곳이 될 것입니다. 이는 죽어가는 한 범죄자에게만 해당하는 용서와 희망의 약속이 아니라, 온 세상을 향한 약속입니다. 이제 세상은 낙원이 다시 열리고 인류가 하나님과 재결합하게 될 것을 알게 됩니다. 각 복음서들은 십자가에 관한 이야기 안에 부활에 대한 희미한 빛을 담아 두고 있습니다. 지금까지 살펴 본 내용이 곧 누가복음 안에 담긴 그러한 빛입니다. 그 빛은 변화되어 새로워진 세상을 분명하게 비추고 있습니다.

누가복음 24:10-12 (새번역 참고)

¹⁰ 이 여자들은 막달라 마리아와 요안나와 야고보의 어머니인 마리아이다. 이 여자들과 함께 있던 다른 여자들도 이 일을 사도들에게 말하였다. ¹¹ 그러나 사도들에게는 이 말이 허탄한 이야기로 들렸으므로 그들은 여자들의 말을 믿지 않았다. ¹² 그러나 베드로는 일어나서 무덤으로 달려가 몸을 굽혀서 들여다보았다. 거기에는 시신을 감았던 세마포만 놓여 있었다. 그는 일어난 일을 이상히 여기면서 집으로 돌아갔다.

함께 더 읽을 말씀: 누가복음 24:1-12

저는 미용실에 갈 때마다 저도 모르게 가십으로 가득 찬 연예 잡지들, 대개 누가 누구와 헤어졌는지, 어떤 멋진 커플이 함께 외출했는지(혹은 함께 외출했어야 하는데 그렇지 않았는지)를 다루는 잡지들을 보곤 했는데요. 저는 그런 잡지들을 읽는 것은 완전히 시간 낭비이고 읽을 가치가 전혀 없다고 생각하면서도, 또 마음 한 구석에서는 보고 싶어 했습니다. 미용실에 도착하면 그런 잡지들을 전혀 읽지 않을 것처럼 한참을 앉아 있다가 결국 그 결심을 서서히 무르곤 했습니다. 저는 잡지 한 권을 집어 들고 휙휙 넘기며 훑어보다가 누가의 말을 빌리자면, "허탄한 이야기"에 푹 빠져 들었습니다. 그런데 사실 그 내용이 흥미롭기는 하지만, 그렇게 큰 의미가 있는 것도 아니었습니다.

여자들이 빈 무덤, 천사의 방문, 예수님의 부활에 대하여 제자들에게 들려준 이야기를, "허탄한 이야기"라는 범주에 넣는다는 것은 적어도 저에게는 있을 수 없는 일입니다. 누가복음에 나오는 이 구절("사도들에게는 이 말이 허탄한 이야기로 들렸으므로")은 감정의 큰 격동과 혼란을 전달합니다. 우리는 이 구절에서 열한 명의 (남성) 제자들이 우월한 태도를 취하며 다소 여성들을 무시하는 듯한 긴장감을 읽을 수 있습니다. 특히 아주 중요한 말을 전한 시점에서 여성들이 제대로 존중을 받지 못하는 것 같은 좌절감 역시 느껴집니다. 그들 중 오직 베드로만이 직접 확인하기로 결심하고 무덤으로 달려가 놀라움을 금치 못할 충분한 증거를 발견했지요.

그다지 중요하게 보이지 않는 이 구절은 사실 우리가 위험을 무릅쓰고 사람들을 (그리고 그들의 말을) 무시한다는 사실을 일깨워 줍니다. 우리가 무언가를 경시할 때 자주 그렇듯이, 열한 제자들은 분명 여자들의 말을 무시하는 것이 완전히 옳다고 생각했을 것입니다. 문제는 우리의 그러한 본능이 옳을 때도 있지만 틀릴 때도 있다는 것입니다. 이 경우에도 "허탄한 이야기"처럼 들렸던 것이 사실은 가장 중요한 소식이었습니다. 그들이 여지껏 들은 것 중 가장 중요한 이야기였죠. 열한 제자들이 여자들의 이야기를 무시했을 때, 그들은 그들 스스로를 큰 위험에 빠뜨린 것입니다. 자칫 그 좋은 소식을 놓칠 수 있는 위험 말이지요. 어째서 열한 명의 제자들이 여자들의 이야기를 무시했는지는 알 수 없습니다. 어쩌면 단순히 여자들이었기 때문일 수 있습니다. 또 어쩌면 소문이나 험담을 좋아하는 여자들을 그다지 신뢰하지 않았기 때문일 수도 있습니다. 아니면 누가 이야기를 전해주든 관계없이 그저 좋은 소식을 들을 준비가 되어 있지 않았기 때문일 수도 있습니다.

베드로는 자주 천둥벌거숭이처럼 묘사되는데요, 일단 지나치게 성급하게 입을 엽니다. 또한 예수님이 메시아라는 사실이 정확히 무엇을 의미하는지 모릅니다. 무엇보다 예수님이 가장 필요로 할 때 그분을 부인했습니다. 그러나 여기서는 진정한 제자도가 가진 중요한 특징 하나를 보여줍니다. 바로 가서 직접 보는 것이죠. 그는 성급하게 믿거나 성급하게 불신하지 않습니다. 직접 가서 봅니다. 이는 스스로 결정을 내리기 위해서였습니다. 베드로는 진정한 제자도를 보여주었습니다. 직접 듣고, 직접 생각하고, 직접 탐구하고, 직접 결론을 내리는 것이죠. 우리는 예수님께서 제자들에게 하라고 부르신 일(주님을 따르는 일)과 "제자"의 진정한 의미(배우는 사람)를 자주 혼동합니다. 제자도의 본질은 배움입니다. 우리는 예수님의 제자로서 그분을 따르고 그분과 함께할 때 가장 잘 배울 수 있습니다. 하지만 따르는 것만으로는 제자가 될 수 없습니다. 마침내 베드로는 예수님이 그렇게도 원하셨던 모습, 곧 기꺼이 경청하고 탐구하며 스스로 문제를 해결해 나가는 제자, 배움의 자세를 갖춘 제자가 되었습니다. 이것이 바로 제자도의 의미입니다. 그리고 우리 역시 그러한 제자도로 부르심을 받았습니다.

누가복음 24:13-17 (새번역 참고)

¹³ 마침 그 날에 그들 가운데 두 사람이 예루살렘에서 한 삼십 리 떨어져 있는 엠마오라는 마을로 가고 있었다. ¹⁴ 그들은 일어난 이 모든 일을 서로 이야기하고 있었다. ¹⁵ 그들이 이야기하며 토론하고 있는데 예수께서 가까이 가서 그들과 함께 걸으셨다. ¹⁶ 그러나 그들은 눈이 가려져서 예수를 알아보지 못하였다. ¹⁷ 예수께서 그들에게 물으셨다. 너희가 걸어가면서 서로 무슨 토론을 하고 있느냐? 그들은 침통한 표정을 지으며 걸음을 멈추었다.

함께 더 읽을 말씀: 누가복음 24:13-27

여러분은 다른 사람들의 말다툼에 휘말려 어떻게 해야 할
지 몰라 난감했던 경험이 있나요? 그 말다툼에 개입해야 하나,
아니면 그냥 가버려야 하나 고민하면서요. 그럴 때 혹시 다른
주제로 바꾸기 위해 노력하나요? 아니면 그냥 내버려 두나요?
누가복음의 현 본문을 보면, 예수님에게는 딱히 그런 문제가
없었던 것 같습니다. 엠마오로 가는 길 위에서의 만남에 관한
이야기는 예수님이 부활하신 날, 잘 알려지지 않은 마을 엠마
오로 돌아가기로 결심한 두 제자의 이야기입니다. 그들은 걸
어가면서 열띤 토론을 했던 것 같습니다. 어쩌면 심각한 말다
툼을 벌이고 있었을 수도 있고요. 실제로 누가가 그들이 하는
일을 설명하기 위해 사용하는 단어들의 강도가 점점 더 세지
고 있습니다. 우리가 처음 그들을 만났을 때 누가는 그들이
"이야기하고 있었다"라고 말합니다(14절에서 "이야기하다"로 번역된
단어가 15절에서 다시 등장합니다). 누가는 15절에서 "이야기하다"라는
표현을 두 번째로 사용하는데, 이때 "토론"이라는 단어를 덧
붙입니다. 대화의 열기가 점점 더 뜨거워집니다. 그런데 17절
에서 예수님이 "너희가 걸어가면서 서로 무슨 토론을 하고 있
느냐?"고 물으실 때는, 전혀 다른 단어(안티발로[*antiballo*])를 사용

합니다. 이 단어는 "던지다"라는 뜻의 그리스어에서 유래한 것으로, 그리스 문헌에서는 경기장에서 사람들이 서로를 향해 혹은 어떤 목표물을 향해 물건을 던지는 것을 묘사하는 데 사용되었습니다.

그렇다면 예수님은 열띤 논쟁으로 발전하기 시작한 토론 한가운데서 두 사람을 만났다는 의미가 됩니다. 누가복음에서 자주 그렇듯이, 우리는 상상력을 발휘하여 행간의 간극을 메워야 합니다. 그 두 사람은 과연 무엇에 대해 열띤 논쟁을 하고 있었을까요? 그들이 만약 예수님의 부활에 관한 이야기를 들었다면, 왜 예루살렘을 떠난 것일까요? 무엇보다 그들은 과연 누구였을까요? 우리는 정확히 알 수 없습니다. 그럼에도 누가가 우리에게 남긴 희미한 단서가 혹 두 사람이 말다툼 중이던 부부임을 암시하는건 아닌지 생각하게 만듭니다. 다른 무엇보다도, 두 사람이 엠마오에서 한 집에 살았다는 사실을 기억할 필요가 있습니다(눅 24:29 참고). 그들 중 한 명은 글로바 (Cleopas, 클레오파스)라는 이름을 가졌는데, 이는 그보다 더 긴 이름인 클레오파트로스(Cleopatros)의 약자일 수 있습니다. 어쩌면 히브리어 이름, 클로파스(Clopas)의 그리스어 버전일 수도 있고요. 이것은 중요합니다. 왜냐하면 글로바라는 인물은 요한복음에도 등장하기 때문입니다. 요한복음을 보면 예수님의 십자가 곁에 서 있는 여자들 중 한명이 "글로바의 아내, 마리아"로 소개됩니다(요 19:25). 여기서 잠시 상상의 나래를 펼쳐봅시다. 어쩌면 예수님이 엠마오로 가는 길 위에서 만난 두 사람은 글로바와 마리아일 수 있습니다. 그 두 사람은 무슨 일이 일어난 것인지, 왜 예루살렘을 떠나야 하는지를 두고 논쟁을 벌이고 있던 것일 수 있습니다.

자주 그렇듯이 누가는 이야기의 뼈대만을 제공합니다. 길 위에 있는 두 사람의 신원을 밝히는 것이 핵심이 아니기 때문입니다. 핵심은 17절에서 예수님이 무슨 논쟁을 하고 있는지 물으셨을 때 두 사람은 슬픈 기색을 띠며 길 위에 서 있었지만(그리스어는 음울함을 전달합니다), 이야기가 끝날 무렵에는 마음이 뜨거워져서 곧바로 일어나 예루살렘을 향해 전속력으로 달려갔다는 것입니다. 부활하신 그리스도께서 그들의 논쟁 한가운데로 들어오셔서, 실망스러워 지치고 침울해 있던 그들을 다시 열정으로 가득 찬 사람들로 변화시키셨습니다. 이것이 바로 우리의 모든 공동체(국지적, 세계적)에 절실히 필요한 갈등 해결 방식입니다. 이러한 해결 방식은 그리스도의 안에서 우리의 논쟁을 깨뜨리고 우리의 음울한 슬픔을 즐거운 열정으로 바꾸어 줍니다.

누가복음 24:29-32 (새번역)

²⁹ 그러자 그들은 예수를 만류하여 말하였다. 저녁때가 되고 날이 이미 저물었으니 우리 집에 묵으십시오. 예수께서 그들의 집에 묵으려고 들어가셨다. ³⁰ 그리고 그들과 함께 음식을 잡수시려고 앉으셨을 때에 예수께서 빵을 들어서 축복하시고 떼어서 그들에게 주셨다. ³¹ 그제서야 그들의 눈이 열려서 예수를 알아보았다. 그러나 한순간에 예수께서는 그들에게서 사라지셨다. ³² 그들은 서로 말하였다. 길에서 그분이 우리에게 말씀하시고, 성경을 풀이하여 주실 때에, 우리의 마음이 우리 속에서 뜨거워지지 않았습니까?

함께 더 읽을 말씀: 누가복음 24:27-32

인생에서 가장 큰 즐거움 중 하나는 누군가와 함께 식사를 하는 것입니다. 함께 음식을 먹으면 우리는 다른 때보다 긴장을 풀고 더 편안함을 느끼게 됩니다. 그러면서 자연스럽게 우리 자신에 대해 더 많은 것을 공유하게 됩니다. 전 세계적으로 환대는 인간관계의 필수적인 부분으로 여겨지는데요, 서구 문화에서 "환대"라는 단어는 친구(사교적 상황에서) 또는 고객(비즈니스 환경에서)을 대접한다는 의미를 담고 있습니다. 우리에게 있어서 환대란 우리가 환대를 제공하는 대상과의 사전 관계를 전제하는데요, 사실 이 단어의 어원은 그와 다릅니다. "환대"라는 단어의 어원 중 하나는 "낯선 사람"을 뜻하는 라틴어 **호스페스**(*hospes*)입니다. 고대 시대에 환대는 바로 이러한 의미였습니다. 낯선 사람을 집으로 맞이하고, 돌보고, 보호하고, 돌려보내는 행위는 성경뿐만 아니라 그리스와 로마의 신화 이야기에서 자주 핵심적인 주제로 그려집니다.

실제로 낯선 사람은 변장한 천사일 수도 있기 때문에 (낯선 사람을) 환대하는 것이 필수적이라는 전통이 당시에 널리 퍼져 있었습니다. "나그네를 대접하기를 소홀히 하지 마십시오. 어떤 이들은 나그네를 대접하다가, 자기들도 모르는 사이에 천사들을 대접하였습니다"(히 13:2). 엠마오로 가는 길 위에서 예수님을 만난 이야기는 이러한 전통과 겹치는 부분이 있습니다. 하지만 그 방향이 정반대입니다. 천사를 맞이하는 대부분의 이야기들의 경우, 낯선 사람이 환대를 받은 후에야 환대를 제공한 사람이 이전에 알지 못했던 것을 알려주는 계시가 발생합니다. 하지만 누가의 이야기에서는 그 모든 것이 뒤집어집니다. 계시는 길 위에서 일어나고, 엠마오에 도착하기도 전에 예수님은 그들에게 성경을 설명해 주십니다. 그리고 두 사람이 그들의 집에 도착하여 예수님께 집에 머무시라고 말씀드립니다. 그리고 함께 식사를 하기 위해 자리에 앉았는데 정작 예수님께서 주인이 되셨습니다(눅 24:30, 당시 유대 사회에서 빵을 떼고 축복할 수 있는 것은 오직 주인뿐이었습니다). 인식이 전환되는 그 순간, 두 사람에게 그리고 독자인 우리에게 한 가지가 분명해집니다. 길에 있던 낯선 사람이 사실은 가장 소중한 친구였다는 사실 말이지요.

이 모든 일이 환대를 통해 이루어졌습니다. 앞서 우리는 길 위에서 이루어진 예수님과의 만남을 통해 두 사람이 변화된 것이 얼마나 중요한 사건인지를 살펴보았는데요, 이제 우리는 그러한 변화가 환대를 통해 일어났다는 사실을 알게 됩니다. 또한 우리는 그들이 예수님께서 빵을 떼는 행동(일생 동안 제자들에게 반복해서 하신 일)을 하셨을 때 비로소 예수님을 알아봤다는 사실을 발견하게 됩니다. 이것이 바로 누가가 전하는 이야기의 핵심입니다. 중요한 인식의 전환은 예수님의 말씀뿐만 아니라 그분의 행동을 통해서도 발생한다는 것입니다. 그런데 사실 빵을 떼는 행동은 먼저 그들이 예수님을 환대했기 때문에 가능했습니다. 두 사람이 예수님과 함께 엠마오로 여행할 때, 예수님은 성경을 풀이하여 주시며 그분의 해석이 가진 말로 다 표현할 수 없는 풍요로움을 전해 주셨습니다. 그러나 그 의미는 그들이 예수님께 음식과 거처를 제공해 드리기 위해 손을 내밀었을 때에야 비로소 깨달을 수 있었습니다. 그들이 예수님에게 베풀려고 했을 때에야 진정으로 예수님이 주신 것을 받을 수 있었습니다. 이것이 바로 환대의 역설입니다. 베풀 때 받게 됩니다. 낯선 사람을 맞이할 때 우정을 발견합니다. 무엇보다도 우리가 낯선 사람의 필요를 채워줄 때, 우리는 예수님을 만나게 됩니다.

누가복음 24:36-38 (개역개정 참고)

³⁶ 그들이 이런 이야기를 하고 있을 때에 예수께서 친히 그들 가운데 들어서서 이르시되 너희에게 평강이 있을지어다 하시니 ³⁷ 그들이 놀라고 무서워하여 그 보는 것을 영으로 생각하는지라 ³⁸ 예수께서 이르시되 어찌하여 두려워하며 어찌하여 마음에 의심이 일어나느냐.

함께 더 읽을 말씀: 누가복음 24:34-53

무언가를 어느 정도 아는 것과 정말로 아는 것은 완전히 다릅니다. 후자는 그 무언가가 함축하는 모든 것까지 아는 것입니다. 저는 가족의 하루를 계획하면서 이 차이를 자주 느낍니다. 일전에 저는 하루 종일 런던에 있어야 하고, 남편은 회의 때문에 자리를 비워야 한다는 사실을 알게 된 적이 있는데요, 얼마 후 그날에 딸들 중 하나가 걸스카우트에 가야하고 또 하나는 친구와 놀러 가야 한다는 사실도 알게 되었습니다. 그러나 그러한 상황들로 인해 곧 큰 문제가 발생할 것이라는 사실을 알기까지는 약간의 시간이 걸렸습니다. 여기서 첫 번째 유형의 앎은 단순히 사실들을 나열한 것입니다. 그리고 두 번째 유형의 앎은 사건과 사건을 연결하고 상황을 종합하여 결론을 도출하는 것입니다. 두 가지 모두가 중요하지만 그렇다고 반드시 서로 이어지는 것은 또 아닙니다. 우리는 상황을 이해하지 않고도 알 수 있습니다. 제가 대가를 치르고 깨달은 교훈이지요.

예수님께서 나타나셨을 때 제자들이 왜 그렇게 겁에 질렸는지 궁금하지 않으세요? 그때 그들은 부활하신 예수님께서 두 차례 나타나신 것에 대해 이야기하고 있었습니다. 먼저는 시몬에게, 그 후에는 엠마오로 가는 두 사람에게 나타나신 것에 대해 이야기하고 있었죠(눅 24:34-35). 그렇다면 왜 그들은 예수님이 그들 사이에 나타나셨을 때 무서워 했을까요? 왜 예수님이 부활하셨다는 소식을 들었을 때 그분이 영(프뉴마)이라고 생각했을까요? 그 답은 앎의 차이에 있습니다. 제자들은 머리로는 예수님의 부활을 알았지만, 그 앎이 아직은 그들 속에 깊이 스며들지 않았던 것입니다. 그래서 그들은 부활의 의미와 그 결과를 온전히 이해하지 못했고, 그에 따라 살아갈 수도 없었습니다.

그렇다면 과연 우리는 어떤가요? 제자들처럼 예수님의 부활의 결과를 이해하기 위해 고군분투하고 있나요? 예수님께서 죽은 자들 가운데서 부활하셨다는 사실을 알고 그것을 선포하는 것은 사실 상대적으로 더 쉬운 일입니다. 그 사건에 비추어 살아가는 것보다는요. 우리는 자주 그 부활 이전의 세상을 바라보는 관점에 갇혀, 상황이 어렵고 암울하며 희망이 없다고 생각에 빠지곤 합니다. 하지만 부활의 삶을 살아간다는 것은 이전과 다른 관점으로 세상을 본다는 것을 의미합니다. 죽음만 남아있는 것 같은 곳에서 생명을 보고, 불가능 속에서 가능성을 보는 것입니다. 절망 속에서 희망을 보고, 침체 속에서 회복을 보는 것입니다. 사도 바울은 그의 편지에서 여러 차례 예수님을 죽은 자들 가운데서 살리신 하나님에 대해 이야기합니다. 그에게 있어 부활은 하나의 사건 그 이상이었습니다. 그것은 하나님이 누구이신지를 밝혀주는 일이었습니다.

만일 하나님이 그런 하나님이시라면, 우리도 일상 속에서 부활의 증거를 찾고 발견할 수 있다는 기대에 찬 삶을 살아야 하지 않을까요?

이것은 "항상 삶의 밝은 면만 바라보라"는 안이한 태도가 아닙니다. 새로운 시선으로 세상을 훨씬 더 깊이 꿰뚫어 보라는 것이죠. 즉, 예수님을 죽은 자들 가운데서 살리신 하나님께서 생명을 고갈시키는 답답한 불가능성을, 생명을 주는 새로운 변화로 이끄실 것을 기대하며 살아가라는 것입니다. 하지만 우리는 너무나 자주 과거의 제자들처럼 반응합니다. 우리는 예수님께서 죽은 자들 가운데서 부활하신 것을 알고 그것에 대해 이야기하고 노래하지만, 실제로 예수님이 우리 가운데 나타나시면 겁에 질려 무서워 합니다.

묵상 정리

누가의 부활 이야기는 예수님께서 죽은 자들 가운데서 부활하셨다는 것이 과연 무엇을 의미하는지, 그 온전한 의미를 이해하려는 이야기처럼 보입니다. 혹은 R. S. 토마스가 그의 시, **갑자기**(서론 첫머리에 인용)에서 표현한 것처럼, 그 부활의 충만함을 보여주려는 것 같습니다. "나는 눈으로만 그를 본 것이 아니라 내 존재 전체로 보았다." 누가복음에서 우리는 무덤이 비어 있고, 세마포 옷이 버려져 있으며, 예수님이 살아계신다는 부활의 사실에서 시작했습니다. 여자들은 그러한 사실을 전달합니다. 하지만 다른 제자들은 그녀들의 말을 믿지 않습니다. 이후 베드로가 다시 그 사실을 전달합니다. 그리고 나머지 이야기는 그 사실의 실체로 인해 사람들이 변화되는 모습을 담고 있습니다. 예수님을 직접 경험하게 된 것이죠. 실제로 엠마오로 가던 두 사람은 생기로 넘치게 됩니다. 예수님과 함께 식사하던 제자들은 그분을 경배하게 되었고요.

누가의 부활 이야기에서 예수님이 부활 후 제자들과 함께한 시간이 특별한 까닭은 그들에게 성경의 말씀을 깨닫게 하셨다는 데 있습니다. 그로 인해 엠마오로 가던 제자들은 마음이 뜨거워졌고 다른 제자들도 마음이 열렸지요(눅 24:32, 45). 그래서 누가의 이야기는 성경을 연구하는 저에게 큰 기쁨(그리고 어느 정도 부러움)을 안겨다 줍니다. 그런데 이와 동시에 제자들을 변화시킨 것은 성경의 해석만이 아니라, 예수님이 누구이신지에 대한 인식이었다는 사실을 기억하는 것이 중요합니다. 해석과 체험은 함께 이루어집니다. 제자들이 부활하신 예수님을 접하고 체험한 것은, 그들이 들은 성경 해석의 심오함을 이해하는 데 도움이 되고, 동시에 그 해석은 그들이 체험한 것의 의미를 이해하는 데 도움이 됩니다. 이 두 가지가 함께 작용하여 결국 제자들은 날마다 성전에서 하나님을 예배하는 데 시간을 보내게 됩니다. 그리고 그것이 바로 누가가 복음서를 마치면서 제자들을 묘사하는 장면입니다.

제4장

든 것 같이, 들려야 하리니

제4장 든 것 같이, 들려야 하리니

부활과 요한복음

서론

여러 가지 측면을 고려해볼 때, 요한의 복음은 부활의 복음이라고 할 수 있습니다. 요한복음에서는 다른 복음서들에 비해 두 배나 더 많은 부활 장면이 나타납니다. 우리는 이미 부활 체험에는 두 가지 유형이 있다는 것을 배웠는데요, 첫째 체험은 예수님의 부활 사실을 확인하고 그 의미를 이해하도록 돕는 체험입니다(마태복음에 나오는 여자들과 누가복음에 나오는 엠마오로 가는 두 제자처럼 말이죠). 둘째 체험은 일반적으로 보다 큰 그룹을 대상으로 하는 체험으로서, 제자들에게 더 많은 행동을 취하도록 위임하는 것과 관련이 있습니다. 마태복음과 누가복음에는 이러한 유형의 부활 체험이 각각 한 차례씩 나오는 반면, 요한복음에는 각기 두 차례가 나옵니다. 먼저 마리아가 동산에서 예수님을 보게 됩니다. 그리고 예수님은 제자들에게 성령을 보내십니다. 그러고 나서 우리는 또다시 부활의 체험을 보게 되는데요, 먼저 도마가 부활하신 예수님을 보게 됩니다. 그리고 호숫가 식사 자리에서 예수님은 베드로에게 나타나셔서 자신의 "양"을 돌보라고 명령을 내리십니다. 이처럼 요한은 두 가지 기록을 통해 부활의 영향력을 더욱 강력하게 전달합니다.

예수님께서 제자들에게 나타나셔서 그들에게 성령을 보내시는 첫 번째 위임 이야기(요 20:19-23)의 경우, 부활과 관련된 이번 장에서 다루지 않고, 이후에 오순절 성령 강림을 다루는 후반부에서 다루도록 하겠습니다. 물론 여러 면에서 이것은 인위적인 구분이기는 합니다. 요한의 복음 안에서 예수님의 죽음, 부활, 승천은 성령(의 강림)과 함께 아주 밀접하게 연결되어 있기 때문입니다. 그만큼 구분하고 분리하기가 어렵습니다. 그럼에도 불구하고 첫 번째 위임 이야기를 이 책의 후반부, 곧 성령을 이야기하는 본문들과 함께 살펴보면, 요한이 성령을 어떻게 다루고 있는지 이해하는 데 도움이 됩니다. 그러한 이유에서 임의로 내용들을 구분하였습니다.

요한복음 3:14-17 (개역개정)

¹⁴ 모세가 광야에서 뱀을 든 것 같이 인자도 들려야 하리니 ¹⁵ 이는 그를 믿는 자마다 영생을 얻게 하려 하심이니라 ¹⁶ 하나님 이 세상을 이처럼 사랑하사 독생자를 주셨으니 이는 그를 믿는 자마다 멸망하지 않고 영생을 얻게 하려 하심이라 ¹⁷ 하나님이 그 아들을 세상에 보내신 것은 세상을 심판하려 하심이 아니요 그로 말미암아 세상이 구원을 받게 하려 하심이라.

함께 더 읽을 말씀: 요한복음 3:1-21

버밍엄(Birmingham) 교구에 있는 셜리(Shirley) 성야고보교회 서쪽 끝에는 예수님을 묘사한, 조세피나 드 바스콘셀루스(Josefina de Vasconcellos)의 조각상이 있습니다. 이 조각상은 벽에 높이 세워져 있으며, 조각상 속 예수는 두 팔을 활짝 벌리고 있습니다. 그런데 그것이 예수님의 십자가 처형과 부활, 승천 중에서 무엇을 묘사한 것인지가 분명하지 않습니다. 십자가 위에서 두 팔을 벌리고 계신 걸까요? 아니면 세상을 향한 사랑을 표현하시는 걸까요? 조롱 속에서 높이 들리신 걸까요? 아니면 승리 속에서 높이 들리신 걸까요? 십자가에 매달려 계신 걸까요? 아니면 하늘로 승천하시는 걸까요? 제가 그 조각상을 좋아하는 이유 중 하나는, 요한복음이 던지는 질문을 그 조각상이 정확히 똑같이 던지고 있기 때문입니다. 마태복음, 마가복음, 누가복음에서 십자가 처형은 절망의 순간이고 부활은 승리와 기쁨의 순간임을 분명히 밝히고 있습니다. 하지만 요한복음에서는 그러한 구분이 훨씬 더 불명확합니다. 요한복음에서 예수님의 죽음은 절망과 기쁨이 뒤섞인 시간이며, 비탄과 승리가 뒤섞인 시간입니다. 요한의 마음속에서는 예수님의 죽음과 부활이 서로를 향해 흘러갑니다. 두 사건이 완전히까지는 아니라고 하더라도, 사실상 거의 같은 사건이 됩니다.

이러한 특징은 요한복음 안에서 예수님이 자신의 죽음과 부활에 대한 미래를 바라보실 때 "들려야 한다"("인자[the Son of Man]도 들려야 하리니"[요 3:14])라는 표현을 사용하신 점을 통해서 더욱 분명하게 드러납니다. 여기서 "들려야 한다"는 표현은 무엇을 의미할까요? 예수님의 죽음을 의미할까요? 부활을 의미할까요? 아니면 그분의 승천을 의미할까요? 제 생각에는 그 모두에 해당합니다. 예수님이 십자가에 들려지신 것, 무덤에서 들려지신 것, 하늘로 들려지신 것 모두가 예수님께서 가져오신 구원의 완성을 이루기 위해 함께 결합됩니다.

요한복음에서 예수님은 마지막 숨을 거두실 때 "다 이루었다"(요 19:30)라고 말씀하시는데, 이는 예수님이 오셔서 하신 일이 이제 완성에 이르렀음을 가리킵니다. 하나님의 위대한 사랑은 예수님을 통해 세상에 쏟아져 나왔습니다. 하나님의 위대한 사랑은 예수님께서 십자가에서 사랑으로 두 팔을 뻗으셨을 때 영광스러운 승리의 성취를 이루었습니다. 인간의 시선에서 볼 때 십자가 사건은 불명예스러운 패배였지만, 하나님의 시선에서 볼 때 그 사건은 영광스러운 승리였습니다. 인간의 시선에서 볼 때 십자가 사건은 극도로 절망적인 사건이었지만, 하나님의 시선에서 볼 때 그 사건은 완전한 기쁨의 순간이었습니다. 인간의 시선에서 볼 때 십자가 사건은 끝이었지만, 하나님의 시선에서 볼 때 그 사건은 새로운 시작을 알리는 완성이었습니다.

마태복음, 마가복음, 누가복음에 나오는 예수님의 죽음과 부활 이야기는 비참함과 절망, 그리고 희망이 보이지 않는 인간의 시선에서 전해집니다. 하지만 요한복음에 나오는 예수님의 죽음과 부활 이야기는 하나님의 시선, 즉 가장 위대한 선물인 하나님의 아들을 내어주어야만 하는, 세상에 대한 하나님의 애끓는 사랑의 이야기라는 관점에서 전해집니다. 요한복음은 우리에게 우리의 시선이 아니라 하나님의 시선으로 세상을 바라보는 훈련의 중요성을 가르쳐 줍니다. 우리에게 세상은 잔인하고 절망적으로 보이지만, 하나님에게는 사랑과 변화를 필요로 하는 곳으로 보이는 것처럼요.

요한복음 20:10-16 (개역개정 참고)

[10] 이에 두 제자가 자기들의 집으로 돌아가니라 [11] 마리아는 무덤 밖에 서서 울고 있더니 … [14] 뒤로 돌이켜 예수께서 서 계신 것을 보았으나 예수이신 줄은 알지 못하더라 [15] 예수께서 이르시되 여자여 어찌하여 울며 누구를 찾느냐 하시니 마리아는 그가 동산지기인 줄 알고 이르되 당신이 옮겼거든 어디 두었는지 내게 이르소서 그리하면 내가 가져가리이다 [16] 예수께서 마리아야 하시거늘 마리아가 돌이켜 히브리 말로 랍오니 하니 (이는 선생님이라는 말이라).

우리는 대개 다른 어떤 감각보다도 눈을 더 많이 의존하는데요, 사실 눈은 그렇게까지 신뢰할 만한 기관이 아닐 수 있습니다. 즉, 우리의 뇌가 눈으로 보는 것을 통해 수행하는 작업은 생각보다 신뢰할 만하지 않을 수도 있습니다. 대체로 저는 얼굴에 대한 기억력은 뛰어나지만 이름에 대한 기억력은 끔찍할 정도로 좋지 않은데요. 특히 전후 맥락 없이 만나게 된 사람일 경우, 아는 사람이라는 것을 알면서도 머릿속으로 '내가 왜 저 사람을 알지? 마지막으로 만난게 어디였지?'와 같은 질문을 던지며 그 사람에 대해 파악하려고 얼굴을 쳐다보며 애를 씁니다. 그때 눈이 뇌로 보내는 신호가 도움이 되기는 해도 그것은 극히 일부분일 뿐임을 깨닫게 됩니다.

부활에 관한 누가복음과 요한복음의 기록에도 눈에 관한 문제가 있습니다. 여기서 한 가지 흥미로운 질문은 어째서 엠마오로 가던 두 사람과, 동산에 있던 마리아가 예수님을 보고서도 알아보지 못했는가 하는 문제입니다. 한 가지 가능성은 부활하신 예수님의 몸이 부활 전의 몸과 너무나도 달라서, 제자들이 알아볼 수 없었다는 것입니다. 이는 연속성과 불연속성에 대한 의문을 제기합니다. 부활 전의 예수님과 부활 후의 예수님 사이에는, 죽음의 상처(손과 발의 구멍)가 여전히 몸에 남아 있을 정도로 충분한 연속성이 있었지만, 얼굴이 달라질 정도로 불연속성이 있었다는 것이죠. 또 다른 가능성은 예수님이 전혀 달라 보이지는 않았지만, 엠마오로 가던 두 사람이나 마리아가 예수님을 보리라고 예상하지 못했기 때문에 그분을 알아보지 못했다는 것입니다.

본문이 우리에게 알려주는 정보가 너무나도 적기 때문에

어떤 것이 더 가능성이 높은지 결정하는 것은 사실상 불가능합니다. 분명한 것은 엠마오로 가던 두 사람과 마리아 모두 예수님을 알아보는 데 추가적인 도움이 필요했다는 것입니다. 이를테면, 엠마오로 가던 두 사람에게는 빵을 떼는 환대의 행위가 예수님을 알아보는 계기가 되었습니다. 그리고 마리아의 경우 예수님의 음성을 통해 예수님이 누구이신지 알아볼 수 있었습니다. 이 모든 것은 우리의 눈이 얼마나 신뢰도가 떨어질 수 있는지를 보여줍니다. 눈을 통해 정보를 얻는 것이 쉽고 편리하기 때문일 수도 있지만, 그만큼 우리는 자주 눈에 보이는 대로 성급하게 결론을 내리곤 합니다. 다른 기관들이 따라잡을 틈을 주지 않고 말이죠. 그래서 때로 우리에게 필요한 것은 외적인 시각이 아니라 내적인 시각으로 보는 것입니다. 마리아는 예수님이 누구이신지를 이해하기 위해 다른 방식으로 예수님을 인식하는 단계(이 경우에는 그분의 음성을 듣는 것)에 이르러야 했습니다.

마리아만 그런 것은 아닐 것입니다. 그리스도인의 신앙 여정 중 하나는, 우리 가운데 계신 하나님뿐만 아니라 우리 주변의 세상을 진정으로 보고 온전하게 들을 수 있도록 우리의 감각을 재훈련하는 것입니다. 마가복음에서 제자들이 예수님께서 하신 말씀을 다시 한 번 오해하자, 예수님은 제자들에게 다음과 같이 말씀하셨습니다. "너희는 눈이 있어도 보지 못하느냐? 귀가 있어도 듣지 못하느냐? 또 너희는 기억하지 못하느냐?"(막 8:18). 안타깝게도 그 질문에 대한 우리의 대답은 "그렇습니다"일 때가 많습니다. 그렇습니다. 우리는 눈이 있는데도 보지 못하고, 귀가 있는데도 듣지 못하고, 또 기억하지 못하는 경우가 너무나도 많습니다. 이 이야기는 저에게 울림을 주며 이러한 의문을 일으킵니다. '예수님께서 마리아의 이름을 부르셨던 것처럼, 나의 이름만 부르셔도 내가 온전히 듣고 그분을 알아볼 수 있을까? 아니면 그렇게 되기까지 훨씬 더 많은 시간이 필요할까?'

요한복음 20:27-29 (새번역)

²⁷ 그리고 나서 도마에게 말씀하셨다. 네 손가락을 이리 내밀어서 내 손을 만져 보고 네 손을 내 옆구리에 넣어 보아라. 그래서 의심을 떨쳐버리고 믿음을 가져라. ²⁸ 도마가 예수께 대답하기를 나의 주님, 나의 하나님 하니 ²⁹ 예수께서 도마에게 말씀하셨다. 너는 나를 보았기 때문에 믿느냐 나를 보지 않고도 믿는 사람은 복이 있다.

사람들은 고정 관념을 참 좋아하는 것 같습니다. 우리가 누군가를 고정 관념을 가지고 볼 때, 우리는 자연스럽게 그 사람을 어떻게 다루어야 하고 또 어떻게 반응해야 할지를 생각하게 됩니다. 그래서 혹 그 사람이 우리를 놀라게 하고 예상치 못한 방식으로 행동한다고 해도, 그저 그것을 이례적이라고 치부하지요. "그런 사람은 보통 그렇게 하지 않아." 그러한 고정 관념을 겪어본 사람이라면 누구나 그것이 얼마나 삶을 병들게 하고 고갈시키는지 잘 알 것입니다. 고정 관념은 사람들을 옭아매고, 또 벗어나기 어려운 특정한 존재 방식에 묶어두기 때문입니다. 그뿐만 아니라 고정 관념은 다른 사람을 완전히 오해하게 만들 수 있습니다.

성경에 등장하는 인물들 중 가장 심하게 고정 관념에 시달리는 인물이 있다면 그것은 분명 도마일 것입니다. 그에게는 언제나 예외 없이 "의심 많은"이라는 수식어가 붙지요. 심지어 우리는 도마를 만나기도 전에, 그에 대해 어떻게 생각해야 하는지, 어떻게 반응해야 하는지, 또 그가 어떤 사람일지 알고 있습니다. 오랫동안 저는 이러한 고정 관념이 불공평하다고 느껴왔습니다. 도마는 의심과 뜨거운 믿음이 매력적으로 혼합

된 인물로서, 그를 그저 "의심 많은 사람"이라고 치부하는 것은 지나친 과소평가입니다. 도마는 요한복음 안에서 세 차례 등장하는데요, 우리가 처음 도마를 만나는 때는 예수님께서 죽은 나사로를 살리러 가시는 길 위에서입니다. 제자들은 얼마 전에 유대인들이 예수님을 돌로 치려 했기 때문에 예수님께 유대 지방으로 가지 마시라고 말하는데요(요 11:8). 그때 도마는 "우리가 주와 함께 죽으러 가자"(요 11:16)라고 선언합니다. 도마가 두 번째로 등장하는 장면은, 예수님께서 거할 곳이 많은 자신의 아버지의 집에 대해 말씀하시는 장면입니다(요 14:2). 예수님은 그곳에 제자들을 위한 거처를 마련하려 가신다고 말씀하시면서, 그들이 그 길을 알고 있다고 덧붙이십니다(요 14:3-4). 그때 도마는 "주님, 우리는 주님께서 어디로 가시는지도 모르는데, 어떻게 그 길을 알겠습니까?"(요 14:5 새번역)라고 말합니다. 그리고 세 번째로 등장하는 장면이 바로 예수님의 부활 후 장면입니다. 도마는 부활하신 예수님을 직접 눈으로 보기 전까지는 믿지 않겠다고 말합니다.

우리가 가진 도마에 대한 고정 관념을 제하고, 있는 그대로의 도마를 마주한다면, 우리는 ("의심 많은 도마"라는 별명처럼) 믿음이 거의 없는 사람이 아닌, 뜨거운 믿음의 사람, 전인으로 깊이 믿는 한 사람을 발견할 수 있습니다. 요한복음 11장에서 도마는 다른 사람들이 예수님께서 유대 땅으로 돌아가시는 것을 걱정할 때, 예수님과 함께 죽음을 맞이할 준비가 되어 있었습니다. 이후 14장에서 도마는 예수님과 함께 있고자 하는 간절한 마음에, 예수님이 어디로 가시는지를 이해하지 못하는 좌절감을 느끼고 또 그분이 말씀하신 길에 대한 의문을 표현합니다. 그리고 20장에서 도마는 부활하신 예수님을 직접 보고 싶어합니다. 그리고 마침내 직접 예수님을 보게되자 복음서 기록 중 최초로 그 의미를 파악한 채로, "나의 주님, 나의 하나님"이라고 고백한 인물이 됩니다. 다른 제자들이 여전히 예수님의 부활의 의미를 알아차리지 못하고 있을 때, 도마는 그것을 알아차리고 그 의미를 이해하여 선포했습니다. 도마는 그것이 자신에게 너무나도 중요한 문제였기 때문에 의심하는 것처럼 보였을 뿐, 그 의미를 파악한 후에는 누구보다도 확고하고 뜨거운 믿음의 사람이었습니다. 이제 도마가 자신에게 쏟아지는 고정 관념에서 벗어나 뜨거운 믿음의 사람이라는 그 본연의 모습을 되찾아야 할 때입니다.

요한복음 21:3-6, 12-13 (개역개정)
³ 시몬 베드로가 나는 물고기 잡으러 가노라 하니 그들이 우리

도 함께 가겠다 하고 나가서 배에 올랐으나 그 날 밤에 아무 것도 잡지 못하였더니 [4] 날이 새어갈 때에 예수께서 바닷가에 서셨으나 제자들이 예수이신 줄 알지 못하는지라 [5] 예수께서 이르시되 얘들아 너희에게 고기가 있느냐 대답하되 없나이다 [6] 이르시되 그물을 배 오른편에 던지라 그리하면 잡으리라 하시니 이에 던졌더니 물고기가 많아 그물을 들 수 없더라 … [12] 예수께서 이르시되 와서 조반을 먹으라 하시니 제자들이 주님이신 줄 아는 고로 당신이 누구냐 감히 묻는 자가 없더라 [13] 예수께서 가셔서 떡을 가져다가 그들에게 주시고 생선도 그와 같이 하시니라.

함께 더 읽을 말씀: 요한복음 21:1-14

여러분은 시몬 베드로가 어째서 이 특별한 순간에 다시 물고기를 잡으러 가기로 결정했다고 생각하나요? 한 가지 가능성은 그가 자포자기의 심정으로 그저 다시 옛 직업으로 돌아갔다는 신호일 수 있습니다. 또 다른 가능성은 그가 마음이 편치 않았고, 직업이 어부였기 때문에 자신이 가장 잘 아는 물고기 잡는 일을 통해서 자신을 진정시키려 했다는 것입니다. 여기서 '밤새도록 낚시를 해도 아무것도 잡히지 않는데 그 일이 과연 얼마나 마음을 편하게 하고 진정을 시켜줬겠느냐?'는 완전히 다른 문제입니다. 어쩌면 베드로는 자신이 모든 일에 실패한 것은 아니라고 스스로를 안심시키려 했을지도 모릅니다(비록 이 날 밤에는 낚시에도 실패했지만요).

이 이야기를 누가복음에 기록된 이야기와 혼동하지 않는 것이 중요합니다. 누가의 이야기는 예수님께서 베드로(시몬), 야고보, 요한을 처음 부르셨을 때 일어난 일입니다(눅 5장). 누가의 이야기에서 베드로를 비롯한 사람들은 밤새도록 낚시를 했지만 결국 아무것도 잡지 못했는데, 그때 베드로는 예수님의 말씀에 따라 그물을 내려 많은 물고기를 잡습니다. 누가의 이야기의 요점은 그들이 아무것도 잡지 못해 낙담하고 있을 때 예수님이 그들에게 많은 물고기를 잡게 해주셨다는 것입니다. 요한의 이야기에서도 제자들은 물고기를 잡지 못합니다. 하지만 심각하게 좌절할 만큼 낙담한 것은 아니었습니다.

수년 동안 주석가들은 요한복음 21:11에서 153마리의 물고기가 잡혔다는 사실에 흥미를 느꼈고, 그 숫자의 의미를 알아내려고 노력했습니다(아마 153이라는 숫자의 의미에 대한 해석은 153가지에 가까울 정도로 많을 겁니다). 자주 그렇듯이 여기서도 나무를 보느라 숲을 놓치기가 쉽습니다. 물론 잡은 물고기 수가 153마리라는 것에 대한 세밀하고 탁월한 해석이 있을 수 있지만, 그것을 살펴보는 과정에서 자칫 명백한 사안을 놓칠 위험에 처할 수도 있습니다. 요한은 그곳에 7명의 제자들, 곧 시몬 베드로, 도마, 나다나엘, 요한, 야고보, 그리고 이름 없는 제자 두 명이 있었다고 말합니다. 예수님까지 하면 8명이었죠. 밤새 낚시를 마치고 모두 배가 고팠다고 해도 8명이 아침 식사로 먹을 수 있는 최대치는 16마리 정도 될까요? 어쩌면 24마리 정도일 수도 있겠죠. 우리는 이러한 기적을 보면서 가나 혼인 잔치 장면을 떠올리게 됩니다(요 2:1-11). 예수님께서 처음으로 기적을 행하신 장면이죠. 예수님은 그 혼인 잔치 자리에서 대략 450-680리터의 포도주를 만드셨습니다. 당시 예수님께서 엄청난 양의 포도주를 공급하셨던 것처럼, 이제는 8명이 하루 종일 앉아서 먹어도 다 먹을 수 없을 만큼 많은 양의 물고기를 공급하고 계십니다.

부활 후에도 예수님은 변하지 않으셨습니다. 예수님의 첫 번째 기적은 마지막 기적과 마찬가지로, 터무니없을 정도로 아낌없는 자비를 보여줍니다. 그러한 자비를 마주했을 때 제자들은 불안했던 감정을 완전히 잊어버리고, 애초에 고기를 잡으러 갔던 이유마저 잊어버렸을 것입니다. 요한복음의 시작부터 끝까지 변하지 않으셨던 것처럼, 예수님은 오늘날에도 변함이 없으십니다. 그리고 예수님은 놀랍고 예상치 못한 자비를 통해 평온함을 찾으려는 우리의 시도를 흩어 놓으십니다. 한 가지 주의할 점은 그 자비로움의 정확한 형태와 의미를 파악하는 데 너무 오랜 시간을 소비하여, 이미 주어진 것을 누리는 일을 잊어버리지 않는 것입니다.

요한복음 21:15-17, 19 (개역개정)

[15] 그들이 조반 먹은 후에 예수께서 시몬 베드로에게 이르시되 요한의 아들 시몬아 네가 이 사람들보다 나를 더 사랑하느냐 하시니 이르되 주님 그러하나이다 내가 주님을 사랑하는 줄 주님께서 아시나이다 이르시되 내 어린 양을 먹이라 하시고 [16] 또 두 번째 이르시되 요한의 아들 시몬아 네가 나를 사랑하느냐 하시니 이르되 주님 그러하나이다 내가 주님을 사랑하는 줄 주님께서 아시나이다 이르시되 내 양을 치라 하시고 [17] 세 번째 이르시되 요한의 아들 시몬아 네가 나를 사랑하느냐 하시니 주께서 세 번째 네가 나를 사랑하느냐 하시므로 베드로가 근심하여 이르되 주님 모든 것을 아시오매 내가 주님을 사랑하는 줄을 주님께서 아시나이다 예수께서 이르시되 내 양을 먹이라 … [19] 이 말씀을 하시고 베드로에게 이르시되 나를 따르라 하시니.

부드럽게 말하는 목소리가 잔소리로 변하는 시점은 언제일까요? 우리가 이 질문에 명확한 답을 찾을 수 있다면, 좋지 못한 많은 관계들로부터 벗어날 수 있을 것입니다. 불행히도 우리 대부분은 잔소리로 변하는 일이 발생한 후에야 그 질문에 대한 답을 알 수 있습니다. 우리는 "그 두 번째(혹은 열 번째, 혹은 쉰 아홉 번째) 말은 너무 지나쳐서 잔소리처럼 들립니다"라는 식으로 깨닫게 됩니다. 이러한 문제가 복잡한 이유 중 하나는 매번 같은 답이 나오지 않는다는 점입니다. 어떤 사람들에게는 두 번째 반복이 지나치게 느껴지는 반면, 또 어떤 사람들에게는 쉰 아홉 번째 반복이 잔소리처럼 들리기도 하니까요.

여러 가지 상황 속에서 예수님은 베드로에게 반복적으로 질문을 하셨고 그것은 자칫 잔소리에 가깝게 들릴 위험이 있었습니다. 어쩌면 지나간 일을 다시 들먹여 불안하게 만드는 일이 될 수도 있었죠. 그럼에도 불구하고 지금 이 상황에서 세 차례의 반복은 완벽했습니다. 그 횟수만으로 충분했습니다. 베드로가 예수님께서 요구하신 대로 행하겠다는 사랑과 헌신의 확언은, 그가 예수님을 부인한 횟수와 정확히 일치해야 했습니다. 베드로는 자신이 예수님을 부인했던 바로 그 횟수만큼, 예수님을 향한 헌신과 믿음, 충성을 맹세합니다. 예수님의 질문들은 잔소리가 아니었습니다. 가장 이해하기 쉬운 형태로 드러난 사랑이었습니다.

흥미로운 것은 베드로가 사랑을 표현한 것에 대한 예수님의 반응입니다. 우리는 다음과 같은 반응을 예상하게 되는데요, "네가 나를 사랑하느냐? 나를 믿어라", "네가 나를 사랑하느냐? 이제 시련이 닥쳤을 때 내 편에 서라" 혹은 "네가 나를 사랑하느냐? 이제부터 너의 충성을 보여라." 그런데 그 대신 주어진 예수님의 명령은 베드로를 외부로 향하게 합니다. 베드로의 사랑은 예수님을 향한 경건이나 경배가 아닌 예수님의 양떼를 돌보는 일과 연결됩니다. 현대 사회에서 사랑이라는 단어는 거의 전적으로 감정과 연결됩니다. "너는 나를 사랑하니?"라는 질문은 감정에 기반한 대답을 요구하죠. 하지만 고대 세계에서는 감정도 물론 중요했지만 그럼에도 행동만큼 중요하지는 않았습니다. 성경을 보면 많은 경우에 "사랑하라"는 명령은 곧 무언가를 행하라는 의미입니다. 예를 들어, 로마서 12:10을 보면 "사랑하라"는 명령("서로 다정하게 사랑하라")은 행동하라는 명령("존경하기를 서로 먼저하라")과 결합되어 있습니다. 여기에서도 마찬가지입니다. 베드로는 감정으로만 사랑을 표현할 것이 아니라 예수님의 양들을 돌보는 일로, 즉 목자와 같이 사람들을 먹이고 양육함으로써 예수님을 사랑해야 합니다.

베드로에게 하신 예수님의 마지막 명령, "나를 따르라"(요

21:19)는 (예수님 사역의) 이 시점에서 이상하게 보일 수도 있지만, 그럼에도 우리에게 분명 요한복음 10:27의 말씀을 떠오르게 합니다. 선한 목자이신 예수님은 "나는 그들을 알며 그들은 나를 따르느니라"(요 10:27)고 말씀하셨습니다. 예수님의 세 번째 질문에 대한 베드로의 마지막 대답은 "주님 모든 것을 아시오매 내가 주님을 사랑하는 줄을 주님께서 아시나이다"(요 21:17)였습니다. 그렇다면 그가 할 수 있는 최선의 반응은 곧 예수님을 따르는 것입니다. 그리고 베드로에게 더욱 중요한 사안은, 예수님께서 베드로의 사랑을 알고 계심을 암묵적으로 확증하셨다는 점입니다. "나는 그들을 알며 그들은 나를 따르느니라"고 말씀하신 것처럼, "나는 너를 알고 너의 사랑을 알고 있다. 그러니 이제 나를 따르라"고 하신 것입니다. 예수님은 베드로의 좋은 점이든 나쁜 점이든, 그의 사랑이든 부인이든 모든 것을 알고 있다고 말씀하십니다. 이제 베드로는 그분을 따라야 합니다. 그리고 그 따름은 목자를 뒤따르는 모습을 통해서뿐만 아니라 목자의 양떼를 돌보는 모습을 통해서도 드러나야 합니다.

묵상 정리

마가복음이 부활을 너무 적게 다루는 것 아닌가 하는 염려가 들 정도라면, 반대로 요한복음은 부활을 너무 많이 다루는 게 아닌가 염려가 들 정도입니다. 마가복음 안에서 부활하신 예수님이 제자들에게 단 한 번도 나타나지 않으신 반면에(16:8 까지를 결말로 본다면 - 역주), 요한복음 안에서 예수님은 부활하신 후에 개인에게 또 집단에게 여러 차례 나타나십니다. 부활의 증거를 보이기도 하시고 위임의 명령을 내리기도 하시죠. 그렇게 부활 후에 나타나심은 제자들의 인식과 응답(마리아는 "선생님", 도마는 "나의 주님, 나의 하나님"이라고 외침)을 불러일으킬 뿐만 아니라, 그들이 세상을 향해 복음을 선포하고 또 사랑으로 나아가게 만듭니다. 예수님을 알아보는 것은 유명인을 알아보는 것과는 다릅니다(유명인을 알아보면 그 사람을 만난 것에 대해 개인적으로 기쁨을 느끼곤 하지요). 예수님을 알아보는 것은 그 빛을 더 많이 비추어 보다 많은 사람들이 세상을 향한 하나님의 사랑을 깨닫고 이해할 수 있게 하기 위함입니다. 베드로는 예수님을 부인한 이후 이제야 다시 그분과의 관계 안으로 들어오게 되었습니다. (예수님의 질문과 베드로의 대답을 통해) 그 관계 안으로 다시 들어온 것은 베드로의 기분을 나아지게 하거나 예수님에 대한 그의 사랑을 만끽하라는 조치가 아니었습니다. 다른 양떼들을 돌봄으로써 그 사랑을 계속해서 드러내라는 것이었습니다. 마가와 달리, 요한은 우리에게 다음에 일어날 일에 대해 어떠한 의심의 여지도 남기지 않습니다. 그러므로 베드로와 같이 우리도 선한 목자를 따라야 합니다. 우리를 속속들이 아시는 그 목자를 따라 우리도 그분의 양떼를 돌보아야 합니다.

제5장

생명과 죽음

제5장 생명과 죽음

부활과 서신서

서론

저는 이번 장을 조금 떨리는 마음으로 접근합니다. 신약성경을 읽는 사람들은 대체로 두 부류로 나뉘는데요, 곧 바울의 글을 좋아하는 사람과 싫어하는 사람입니다. 바울의 글을 좋아하는 사람들은 분명 제가 대신 살펴봤으면 하는 본문들이 있을 것입니다. 하지만 바울의 글을 싫어하는 사람들은 제가 곧바로 승천으로 넘어가기를 원할지도 모르겠습니다. 그럼에도 불구하고 부활을 다루는 이 책에서 바울의 말을 살펴보는 것은 아주 중요한 일입니다. 바울은 기독교 초기 시대에 일어난 일뿐만 아니라 그 일이 의미했던 바(그리고 계속해서 의미하는 바)를 설명하려고 시도한 최초의, 그리고 아마도 가장 위대한 저

술가였습니다. 기독교 신학에서 부활이 왜 그렇게 중요한지를 아는 일은 부활에 관한 바울의 글에서부터 시작됩니다. 제가 선택한 본문들은 부활에 관한 바울의 중요한 논의들을 담고 있습니다. 실제로 예수님의 부활, 우리 자신의 부활, 예수님을 죽은 자들로부터 살리신 하나님의 행동, 그리고 이 모든 것이 그리스도인의 삶을 어떻게 변화시키는지에 초점을 맞추어 선택한 본문입니다.

이번 장에는 총 12가지의 묵상, 곧 바울서신에 근거한 묵상 열 가지, 히브리서에 근거한 묵상 한 가지, 베드로전서에 근거한 묵상 한 가지가 포함되어 있습니다. 사실 저는 이번 장을 바울서신뿐만 아니라 모든 서신을 사용하여 구성하고 싶었습니다. 하지만 바울서신 외에는 부활에 대한 언급이 딱히 없기 때문에 그 두 가지 서신서만 추가로 사용하기로 했습니다. 이번 장은 (바울과 다른 저자들이 실제로 이야기를 하진 않았기 때문에) 사상과 개념에 기반한 부분이 더 많고, (부활에 대한 개념이 서신서 전체에 퍼져 있고, 또 내러티브에 따라 주제가 정해진 것은 아니기 때문에) 이질적인 부분이 더 많을 것입니다. 저는 신약성경에 등장하는 순서에 따라 그 내용들을 정리했습니다.

바울은 아마도 다른 어떤 저자들보다도, 죽음 이후의 우리의 운명이 부활이 될 것임을 확신한 사람이었습니다. 여러분이 아직 서론을 읽지 않았다면, 지금 '부활과 죽음 이후의 삶'이라는 소제목을 가진 부분만 읽어보면 좋겠습니다. 바울이 말하는 부활의 의미와 오늘날 우리가 부활을 어떻게 이해할 수 있는지를 생각하는 데 큰 도움이 될 것입니다.

로마서 4:22-25 (개역개정 참고)

²² 그러므로 그의 믿음이 그에게 의로 여겨졌느니라 ²³ 그에게 의로 여겨졌다 기록된 것은 아브라함만 위한 것이 아니요 ²⁴ 의로 여기심을 받을 우리도 위함이니 곧 예수 우리 주를 죽은 자 가운데서 살리신 이를 믿는 자니라 ²⁵ 예수는 우리가 범죄한 것 때문에 내줌이 되고 또한 우리를 의롭다 하시기 위하여 살아나셨느니라.

함께 더 읽을 말씀: 로마서 4:22-5:9

얼마 전 초신자 한 사람과 대화를 나눈 적이 있었습니다. 그녀는 교회에서 들은 내용을 이해하려 애쓰고 있었습니다. 그녀는 저에게 부활의 목적이 무엇이냐고 물었습니다. 그녀는 한동안 교회에 다녔고 성금요일을 포함한 거의 모든 기독교 절기를 이해했지만, 부활절이 왜 필요한지에 대해서는 이해할 수 없다고 말했습니다. "긴 사순절과 우울한 성금요일을 보낸 후에 다시 기운을 내기 위해서인가요? 예수님은 십자가에서 우리를 구원하기 위해 하셔야 할 모든 일을 다 하시지 않았나요? 예수님이 꼭 죽은 자들로부터 부활하실 필요가 있었을까요?" 그런 질문들은 사실 꽤 위험한 질문들이었고, 결국 그녀는 신학 문제에 과도하게 짓눌려 오랜 시간 교회를 떠났습니다. 결코 현명한 태도는 아니었지요.

하지만 저는 그녀가 그렇게 빨리 그러한 지점을 포착한 것이 놀라웠습니다. 어떤 면에서 보면 그녀의 말도 일리가 있기 때문입니다. 신학적으로 볼 때 예수님의 죽음과 부활은 서로 무관하다는 생각—십자가는 구원에 관한 것이고 부활은 현재와 다가올 세상에서의 삶에 관한 것이라는 생각—과, 사실상 십자가가 부활보다 더 중요하다는 생각은 어떤 면에선 일리가 있습니다. 저는 이것이 바로 그녀의 질문들 뒤에 놓인 배경이라고 생각합니다. 그녀는 어쩐지 성금요일이 더 중요하다고 느꼈지만, 누군가로부터 부활절이 기독교에서 가장 중요한 날이라는 이야기를 듣고는 당황했던 것이지요.

기독교 역사를 통틀어 예수님의 십자가 죽음은 율법이 아닌 믿음에 기초하여 하나님과 새로운 관계를 맺는 수단으로서 중요하게 강조되어 왔습니다. 그러나 때로 예수님의 죽음으로 모든 것이 이미 완전히 성취되었다면, 굳이 예수님이 죽은 자들로부터 부활하실 필요까지 있었는지 의아해하지 않을 수 없습니다. 예수님이 우리의 죄를 위해 죽으셨고 그렇게 죽은 채로 계속 계셨다면, 구원에 큰 차이가 있었을까요? 제 대답은 "그렇다"입니다. 그것은 엄청난 차이를 만들었을 것입니다.

학자들은 바울이 로마서 4:25에서 (우리의 범죄로 인한) 예수님의 죽음과 (우리를 의롭다 하시기 위한) 부활의 효과를 지나치게 구분하지 말라고 조언합니다. 바울이 그러한 구분을 자주 하지 않으므로 우리도 여기서 지나치게 그 차이를 강조하지 않도록 주의해야 합니다. 로마서 4:25은 우리에게 예수님의 죽음과 부활이 서로 밀접하게 연결되어 있음을 상기시켜 줍니다. 만일 예수님의 죽음과 부활을 구분하려고 한다면, 대략적으로 그분의 죽음은 "~로부터"(from) 우리를 해방시키고, 그분의 부활은 "~를/을 위해서"(for) 우리를 해방시킨다고 할 수 있습니다. 이를테면, "우리의 죄로부터", "그리스도 안에서의 삶을 위해서", "우리의 옛 존재 방식으로부터", "새로운 창조를 위해서"와 같이 말이지요. 그러나 전반적으로 예수님의 죽음과 부활은 우리의 구원을 위해 함께 작용하는 총체로 간주되어야 합니다. 우리에게는 성금요일과 부활절, 죽음과 부활이 모두 필요합니다. 어느 한쪽이 없으면 다른 한쪽은 크게 힘을 잃게 됩니다.

로마서 6:3-5 (개역개정)

³ 무릇 그리스도 예수와 합하여 세례를 받은 우리는 그의 죽으심과 합하여 세례를 받은 줄을 알지 못하느냐 ⁴ 그러므로 우리가 그의 죽으심과 합하여 세례를 받음으로 그와 함께 장사되었나니 이는 아버지의 영광으로 말미암아 그리스도를 죽은 자 가운데서 살리심과 같이 우리로 또한 새 생명 가운데서 행하게 하려 함이라 ⁵ 만일 우리가 그의 죽으심과 같은 모양으로 연합한 자가 되었으면 또한 그의 부활과 같은 모양으로 연합한 자도 되리라.

함께 더 읽을 말씀: 로마서 6:1-11

어린 아이에게 세례를 설명하는 것은 어려운 일입니다. 저는 한 세례식에서 엄마와 아들이 나누는 대화를 우연히 들은 적이 있는데요, 그러다 대화 가운데 몇 가지 문제가 생긴 것을 알 수 있었습니다. 그 대화 내용은 다음과 같았습니다. "엄마,

저 아저씨는 왜 아기에게 물을 뿌려요?" "세례를 주고 있는 거란다." "오, 그게 뭐예요?" "하나님의 가족으로 맞이하는 거야." "물로요?" "응." "내가 목욕을 해야 우리 가족이 되는 건가요?" "아니, 넌 이미 우리 가족이지." "그러면 저 아저씨는 아기를 씻기고 있는건가요?" "그런 셈이지." "왜요? 아기가 더러웠나요?" 이 시점에서 그 엄마는 더 이상은 참지 못하고 능숙한 손짓으로 아이의 주의를 다른 곳으로 돌렸습니다. 하지만 그 아이의 질문은 여전히 남아 있습니다. 세례가 하는 일은 과연 무엇일까요?

로마서 6장에서 바울은 세례의 본질에 대해 우리가 찾을 수 있는 가장 좋은 설명 중 하나를 제시합니다. 6장의 본문에서 바울은 세례를 그리스도의 죽음과 부활을 모방하는 것으로 보고 있습니다. 바울에게서 물은 죽음과 매장을 상징하는 것으로 간주됩니다. 물 속으로 내려갈 때 우리는 죽고 그리스도와 함께 묻히는 것입니다. 그리고 물에서 나올 때 우리는 그리스도와 함께 살아나 새로운 생명을 향하게 되는 것입니다. 그러므로 세례를 받음으로써 우리는 그리스도의 생명에 참여합니다. 그분과 함께 죽고 함께 부활함으로써 이제 우리는 그리스도를 닮은 새로운 삶을 살 수 있게 되었습니다.

바울의 세례 신학은 예수님의 부활이 더 이상 **그분만의 부**

활이 아니라, 이제 우리 모두의 부활임을 분명히 밝히고 있습니다. 예수님께서 죽은 자들 가운데서 부활하셨을 때, 그분은 장래에 우리가 누릴 부활의 생명이 지닌 특성들(세상의 종말에 일어날 것)을, 그리스도 안에 있는 사람들이 현재 (부분적으로나마) 누릴 수 있도록 새로운 존재 방식을 열어 주셨습니다. 우리가 세례를 받으면 그리스도의 발자취를 따라 새로운 창조로 들어가게 됩니다. 이 지점에서 우리는 예수님의 부활이 흥미로운 역사적 사건이라기보다는, 우리가 하는 모든 일에 영향을 미치는 중대한 사건이라는 사실을 깨닫기 시작합니다. R. S. 토마스의 표현을 빌리자면, "부활로 옷을 입는 것"은 예수님만의 부활만이 아니라 여러분과 저의 부활을 가리키기도 합니다. 이제 우리는 부활의 삶, 즉 새로운 창조에 의해 변화된 삶을 살게 됩니다.

로마서의 이 본문을 떠나기 전에 우리는 세례의 실제적인 측면에 대해 좀 더 생각해 보아야 합니다. 많은 사람들에게 있어서, 몸을 완전히 다 물에 담그는 것과 머리에 물을 붓는 것, 그리고 유아 세례와 성인 세례와 같은 문제는 신앙을 결정짓는 주요한 문제입니다. 그러나 우리는 여기서든 다른 곳에서든 바울이 그러한 질문에 대해 명확하게 답을 주지 않는다는 사실을 먼저 인정할 필요가 있습니다. 우리가 도달하는 모든 답은 이차적으로 파생된 답입니다. 다시 말해, 우리는 성경 안에 존재하는 부분적인 자료들로부터 답을 찾아야 하는데, 대개 그렇듯이 이러한 경우에는 동일한 증거를 사용하여 매우 다른 결론에 도달할 수 있습니다. 세례를 줄 때 아기 머리에 물을 붓는 사람들도, 성인을 온전히 물에 잠기게 하는 사람들과 마찬가지로 성경을 통해 자신들의 방식을 정당화할 수 있습니다. 문제는 세례의 관행이라는 주제가 오랫동안 우리를 사로잡을 수 있는 까다로운 주제라서, 자칫 바울이 말하는 내용의 본질로부터 우리를 멀어지게 할 수 있다는 것입니다. 가장 중요한 문제는 세례를 어떻게 받느냐가 아닙니다. 우리가 세례를 받음으로써 그리스도의 죽으심과 부활에 동참한다는 것이 그보다 훨씬 더 중요합니다. 그리고 이것이 바로 바울 신학의 토대를 형성하는 중요한 변혁입니다.

고린도전서 15:12-17 (개역개정)

12 그리스도께서 죽은 자 가운데서 다시 살아나셨다 전파되었거늘 너희 중에서 어떤 사람들은 어찌하여 죽은 자 가운데서 부활이 없다 하느냐 13 만일 죽은 자의 부활이 없으면 그리스도도 다시 살아나지 못하셨으리라 14 그리스도께서 만일 다시 살

아나지 못하셨으면 우리가 전파하는 것도 헛것이요 또 너희 믿음도 헛것이며 [15] 또 우리가 하나님의 거짓 증인으로 발견되리니 우리가 하나님이 그리스도를 다시 살리셨다고 증언하였음이라 만일 죽은 자가 다시 살아나는 일이 없으면 하나님이 그리스도를 다시 살리지 아니하셨으리라 [16] 만일 죽은 자가 다시 살아나는 일이 없으면 그리스도도 다시 살아나신 일이 없었을 터이요 [17] 그리스도께서 다시 살아나신 일이 없으면 너희의 믿음도 헛되고 너희가 여전히 죄 가운데 있을 것이요.

함께 더 읽을 말씀: 고린도전서 15:1-19

고린도전서의 이 본문은 제가 가장 좋아하는 설교 본문입니다. 저는 수년 동안 이 본문에 대한 설교를 여러 차례 들어왔는데요, 대부분의 경우 예수님의 부활의 진실성을 증명하는 데 이 본문을 사용했습니다. 제가 들은 설교들은 대체로 "그리스도께서 다시 살아나신 일이 없으면 너희의 믿음도 헛되고 너희가 여전히 죄 가운데 있을 것이"(고전 15:17)라는 대표적인 구절에 초점을 맞추고 있었습니다. 이 구절이 바울의 주장의 핵심인 것은 맞지만, 고린도 성도들에게 예수님의 부활을 설득하기 위해 기록된 것은 아닙니다. 바울의 주장 속에서 고린도 성도들이 그것에 대해 의심을 품고 있었다는 단서는 찾아볼 수 없습니다. 고린도 성도들의 의문은 그들이 죽은 후에는 어떻게 되는지에 관한 질문이었던 듯 합니다. 1세기에는 아무 것도 믿지 않는다는 생각에서부터, 영혼의 전이(즉, 육체는 죽지만 영혼은 살아서 하데스에서 일정 시간을 보낸 후에 다시 다른 인간의 몸으로 들어간다는 생각)에 대한 생각에 이르기까지, 죽은 후에 일어나는 일에 대한 다양한 견해가 있었습니다. 부활 곧 미래의 어느 시점에 몸이 살아나고 변화되어 영원히 살게 된다는 생각은 유대인 특유의 사상으로서, 그레코-로만의 문화권에 속한 사람들에게는 다소 낯선 개념이었습니다. 고린도 교회 공동체에서 벌어진 다른 분쟁들을 감안해 볼 때, 가장 가능성이 높은 시나리오는 고린도 성도들이 예수님의 죽음과 부활은 받아들였지만, 그럼에도 죽음 이후에 일어날 일에 대해서는 여전히 이전의 그레코-로만식의 믿음을 고수했다는 것입니다.

바울은 그들에게 이것이 선택을 할 수 있는 사항이 아니라고 설명합니다. 바울은 예수님께서 부활하셨다는 사실을 상기시키고 그 증거를 제시하면서(고전 15.1-11), 부활이 일어나지 않는다고 말하는 것은 비논리적이라고 지적합니다. 바울의 설명은 그들의 신앙의 기반이 되는 신학적 가지를 잘라낸 것과 같았습니다. 만일 예수님께서 죽은 자들 가운데서 부활하셨다는 것을 믿고자 한다면, 다른 사람들도 부활하게 될 것도 믿어야한다는 것이었습니다. 또한 부활이 없다고 말하는 것은 곧 예수님이 부활하지 않으셨다고 말하는 것과 같았습니다.

그런데 오늘날 그리스도인들은 다른 문제, 어찌보면 훨씬 더 심각한 문제를 안고 있습니다. 오늘날 수많은 사람들은 예수님의 부활도 믿지 않고 심지어 자신들의 부활도 믿지 않습니다. 자신들의 보편적인 부활도 믿지 않는다는 말은, 예수님의 부활에 대한 믿음이 훼손되어도 그들에게는 전혀 문제될 것이 없다는 의미입니다. 그렇지만 이에 대한 오래전 바울의 가르침은 여전히 유효합니다. 어떠한 부활이든지, 부활이 없다면 우리의 믿음은 변하게 됩니다. 부활은 희망에 대한 교리, 그리스도인의 정체성에 대한 교리, 세례에 대한 교리, 죽음 이후의 삶에 대한 교리, 그리고 하나님에 대한 교리에 영향을 미치기 때문입니다. 부활은 기독교 신앙의 중심을 관통하는 실타래입니다. 그 실타래를 뽑아내고자 하는 사람들은 그로 인해 기독교 신앙의 틀이 얼마나 많이 사라지게 되는지 주의할 필요가 있습니다. 그럼에도 여전히 그 실타래를 뽑아내고 싶은 사람이 있다면, 그 사람은 기독교를 다시 그려내야 하는 큰 문제에 직면하게 될 것입니다. 부활을 뽑아내는 일은 돌탑 꼭대기에서 작은 돌덩어리 하나를 꺼내는 것과 같지 않습니다.

그것은 마치 바닥에서 큰 하중을 견디는 큰 돌덩어리를 뽑아내는 것과 같습니다. 할 수는 있지만, 그렇게 하려면 다른 많은 돌덩어리들을 보강해야 하는 문제가 발생하지요.

고린도전서 15:40-44 (새번역 참고)

⁴⁰ 하늘에 속한 몸도 있고, 땅에 속한 몸도 있습니다. 하늘에 속한 몸들의 영광과 땅에 속한 몸들의 영광이 저마다 다릅니다. ⁴¹ 해의 영광이 다르고, 달의 영광이 다르고, 별들의 영광이 다릅니다. 별마다 영광이 다릅니다. ⁴² 죽은 사람들의 부활도 이와 같습니다. 썩을 것으로 심는데, 썩지 않을 것으로 살아납니다. ⁴³ 비천한 것으로 심는데, 영광스러운 것으로 살아납니다. 약한 것으로 심는데 강한 것으로 살아납니다. ⁴⁴ 자연적인 몸으로 심는데 신령한 몸으로 살아납니다. 육의 몸이 있으면 영의 몸도 있습니다.

함께 더 읽을 말씀: 고린도전서 15:20-58

얼마 전 누군가 제 몸이 마음에 드냐고 물어서 적잖이 당황한 적이 있습니다. 저는 아무 생각이 없었거든요. 저는 "싫지 않습니다"라고 대답했고, 그 사람은 "그렇다면 마음에 든다는 의미인가요?"라고 되물었습니다. 그러한 질문과 제 반응은 그 이후로도 계속 제 마음에 남아있습니다. 사실 그 질문만큼이나 제 자신의 반응도 흥미로웠습니다. 저는 제 몸을 싫어하지 않는다고 말할 수 있다는 사실에 스스로 만족했습니다. 하지만 곰곰이 생각해보니 자신의 몸을 싫어하지 않는다는 말을 긍정적인 표현으로 생각했다는 것이 다소 충격적으로 느껴졌습니다. 생각해보세요, 만약 누군가 저에게 제 친구를 좋아하냐고 물었을 때, "싫지 않다"라고 대답한다면 어떨까요? 아마 친구들이 금방 다 사라지지 않을까요.

오랫동안 기독교 전통은 우리의 몸에 대해 기껏해야 양가적인 태도를 취해왔고, 최악의 경우 우리의 몸과 몸이 상징하는 모든 것에 대해 적대적인 태도를 취해왔습니다. 이러한 양면성과 적대감은 우리 사회 속에서 더 광범위하게 발견할 수 있습니다. 미디어는 자주 완벽하지 않은 것은 경멸하는 것이 마땅하다는 태도로 그들이 원하는 신체상을 제시합니다. 또한 거식증, 비만, 다이어트는 점점 더 흔한 일이 되어가고 있습니다. 자신의 몸에 대해 나쁜 감정을 느끼는 사람들이 점점 더 많아지고 있기 때문이죠. 몸에 대한 이러한 태도가 기독교 전통에서 비롯된 것이든, 소비 문화에서 비롯된 것이든, 아니면 둘 다에서 비롯된 것이든, 우리의 몸과 몸에 대한 오늘날의 태도는 반드시 재고되어야 할 필요가 있습니다.

몸에 대한 그러한 부정적 태도 때문에 자주 비난을 받는 사람이 바로 바울입니다. 우리 눈에 바울은 자주 육의 일과 영의 일을 대조한 사람처럼 보이기 때문입니다. 그에 따라 몸은 나쁘고 영은 좋다는 생각이 자연스럽게 퍼지게 되었습니다. 고린도전서 속 이 특별한 본문은 몸(bodies), 육(flesh), 영(spirit), 혼(soul)에 대한 우리의 모든 생각을 내려놓을 것을, 또 바울이 그것들에 대해 어떻게 생각했는지에 대한 우리의 모든 가정을 내려놓을 것을 요구합니다. 그리고 다른 순서로 그것들에 대해 다시 생각해 볼 것을 요구하지요. 우리가 바울이 몸의 부활을 믿었다는 사실을 이해해야, 몸에 대한 바울의 태도도 정확하게 이해할 수 있습니다. 사실 바울이 문제 삼은 것은 몸 그 자체가 아니라 현 세대와 현 세대가 만든 모든 것입니다. 즉, 바울에게 문제는 몸 그 자체가 아니라 바로 현재의 몸입니다. 그에게 부활의 몸은 전혀 다른 것이었습니다.

이 고린도전서의 본문에서 바울은 지금 우리가 가진 현재의 몸과 우리가 부활할 때 갖게 될 몸을 대조합니다. 바울은 우리 몸을 네 가지 측면에서 대조하는데요, 현재 우리의 몸은 썩어가고, 비천하며, 약하고, 이 세상에 갇혀 있습니다. 하지만 부활 후 갖게 될 우리의 몸은 생기가 넘치고, 더할 나위 없이 멋지며, 강력하고, 영(spirit) [1]의 영역에 적합할 것입니다(고전 15.42-4). 하지만 **그럼에도** 여전히 몸은 몸일 것입니다. 바울은 일부 사람들이 예상하는 것처럼 현재의 몸이 악하다고 말하지 않으며, 단지 달이 해를 향하는 것처럼 현재의 몸이 부활의 몸을 향하고 있다고 말합니다. 따라서 현재 우리의 몸은 경멸의 대상이 아닙니다. 우리의 몸은 이전보다 훨씬 더 영광스러운 몸으로 대체될 것입니다. 예수님의 부활은 우리 몸을 포함한 많은 것들과 새로운 관계를 맺게 해줍니다. 비록 현재 우리의 몸은 눈앞에서 축 처지고 삐걱거리며 주름이 잡혀 있지만 그렇다고 경멸하거나 싫어해서는 안 됩니다. 부활은 지금 우리의 몸으로 잘 사는 법을 배우라고 말합니다. 왜냐하면 우리가 죽은 후 다시 살아나면, 영원히 살아야 하는 (다른 영광스러운) 몸을 갖게 될 것이기 때문입니다.

---

1   NRSV 번역은 여기서 크게 도움이 되지 않습니다. 육체적인(physical) 몸과 영적인(spiritual) 몸 사이의 대조(즉, 부활한 우리의 몸은 육체적이지 않을 것이라는 의미)를 암시하기 때문입니다. 하지만 진정한 대조는 물질적인(material) 일에 묶인 몸과, 영적인 일에 의해 살아난 몸입니다.

고린도후서 4:11-14 (개역개정 참고)

¹¹ 우리 살아 있는 자가 항상 예수를 위하여 죽음에 넘겨짐은 예수의 생명이 또한 우리 죽을 육체에 나타나게 하려 함이라 ¹² 그런즉 사망은 우리 안에서 역사하고 생명은 너희 안에서 역사하느니라 ¹³ 성경에 기록된 바 내가 믿었으므로 말하였다 한 것 같이 우리가 같은 믿음의 영을 가졌으니 우리도 믿었으므로 또한 말하노라 ¹⁴ 주 예수를 다시 살리신 이가 예수와 함께 우리도 다시 살리사 너희와 함께 그 앞에 서게 하실 줄을 아노라.

함께 더 읽을 말씀: 고린도후서 4:7-18

안수를 받은 제 남편의 삼촌은 누군가를 심방하는 것을 두고 '장기 발표회'라고 말하곤 합니다. 그분이 무슨 뜻으로 그렇게 말한 것인지는 쉽게 알 수 있었는데요, "어떻게 지내세요?"라는 간단한 질문이 어떤 경우에는 자칫 장기(간, 신장, 위, 심장 등)에 무슨 일이 생겼는지에 관한 장황한 설명으로 이어질 수 있음을 말하는 것이었습니다. 저에게도 "어떻게 지내세요?"라고 굳이 안부를 묻지 않게 되는 사람들이 있는데요, 바로 자신의 상태를 지나칠 정도로 정확하고 상세하게 설명하는 사람들입니다. 그 질문을 던지는 순간 그 자리에 한 시간 정도 꼼짝 없이 서 있게 되죠.

때로 바울이 그런 사람인 것처럼 느껴질 때가 있습니다. 특히 고린도후서에서 그가 고통, 연약함, 사고(난파를 사고라고 부를 수 있다면!)에 대해 이야기하는 것을 보면, 너무 흥분한 것이 아닌가 하는 생각이 들기도 합니다. 그럼에도 불구하고 분명한 차이가 있습니다. 자신의 질병에 대해 이야기하는 것을 좋아하는 사람은 다른 사람들이 자신에게만 집중하기를 바라지만, 바울은 우리가 오직 그리스도에게 집중하기를 바랍니다. 바울은 고린도 성도들의 관심을 자신에게서 그리스도께로 돌리기 위해, 의도적으로 자신이 겪은 여러 가지 재앙에 대해 이야기합니다. 고린도후서에서 바울은 이 주제를 계속해서 되풀이합니다. 고린도 성도들이 경멸스러운 약점으로 여기는 것이 바로, 그들(그리고 세상 전체)이 그리스도의 영광을 더 온전히 만날 수 있는 길이라는 것을 강조하면서요.

이 본문에서 바울은 부활이 자신에게 가져다주는 차이에 대해 이야기합니다. 이 차이는 고린도전서 15장에서 우리가 접했던 차이입니다. 바울은 예수님을 죽은 자들 가운데서 살리신 하나님께서 자신과 고린도 성도들도 살리실 것을 알았기 때문에, 자신이 믿는 바를 자신 있게 말할 수 있었습니다(고후 4:13). 간단히 말해서, 바울에게 있어 예수님의 부활은 곧 그 자신의 부활에 대한 증거였습니다. 바울은 하나님께서 예수님을 살리실 수 있었다면, 자신도 살리실 수 있다고 확신했습니다.

좀 더 세밀한 생각의 흐름 속에서 바울은 자신의 고난을 그리스도의 부활 생명이 빛을 발할 수 있는 길로 여깁니다. 인간 본성이 가진 기본적인 특징 중 하나는 어떤 대가를 치르더라도 생존하려는 욕구입니다. 예수님은 우리의 생존을 보장하기 위해서, 자신의 생존을 위해 싸울 수 있는 "권리"를 내려놓으셨습니다. 바울이 여기서 말하는 것은 그 역시도 자신의 생존을 위한 싸움을 내려놓을 준비가 되어 있다는 것입니다. 그리고 (그렇게 함으로써) 그의 썩고 비참하고 연약한 필멸의 몸을 통해, 활기차고 찬란하고 강력한 그리스도의 부활의 생명이 더욱 빛을 발할 수 있다는 것입니다. 언젠가는 그도 영광스러운 부활의 몸을 받게 되겠지만, 지금은 그리스도의 부활의 생명이 그를 통해 빛을 발하는 것으로 만족합니다. 따라서 역설적이게도 그가 죽음에 넘겨짐으로써 고린도 성도들에게 생명을 가져다 줄 수 있게 되었습니다. 예수님은 다른 표현을 통해 이것을 말씀하셨습니다. "누구든지 자기 목숨을 구원하고자 하면 잃을 것이요 누구든지 나와 복음을 위하여 자기 목숨을 잃으면 구원하리라"(막 8:35).

  이 근본적인 기독교 메시지는 우리가 여전히 고군분투하고 있는 메시지입니다. 강함보다 약함을, 성공보다 실패를 받아들이는 것은 인간의 본능에 반하는 것이기 때문입니다. 그러나 바로 이 명백한 모순이 기독교 복음의 핵심에 자리 잡고 있습니다. 고린도후서 4:7을 사용하여 말하자면, 그리스도의 빛은 오직 깨지고 부서지는 질그릇을 통해서만 그 빛을 제대로 발할 수 있습니다. 잘 다듬어지고 제대로 유약이 발라진 질그릇은 빛을 가둬둔 채로, 그저 사람들에게 자신이 얼마나 멋진 질그릇인지만을 말할 것입니다. 그리스도의 빛이 비추려면 질그릇에 금이 가야 합니다. 그리스도인으로서 우리가 마주하는 가장 큰 과제 중 하나는 방금 언급한 교훈을 머릿속에서 감정으로, 나아가 실천으로 이어지게 하는 것입니다. 우리 안의 모든 것이 약함과 실패를 거부합니다. 하지만 진정 부활의 존재로서 살아간다는 것은 곧 깨지고 부서진 질그릇으로서 온전히 기쁘게 살아간다는 것입니다.

고린도후서 5:17-19 (개역개정)

¹⁷ 그런즉 누구든지 그리스도 안에 있으면 새로운 피조물이라

이전 것은 지나갔으니 보라 새 것이 되었도다 [18] 모든 것이 하나님께로서 났으며 그가 그리스도로 말미암아 우리를 자기와 화목하게 하시고 또 우리에게 화목하게 하는 직분을 주셨으니 [19] 곧 하나님께서 그리스도 안에 계시사 세상을 자기와 화목하게 하시며 그들의 죄를 그들에게 돌리지 아니하시고 화목하게 하는 말씀을 우리에게 부탁하셨느니라.

함께 더 읽을 말씀: 고린도후서 5:11-21

요즘은 "새로운 것"에 대해 약간의 냉소적인 감정마저 들 정도입니다. 그만큼 우리는 새로운 것을 추구하라는 유혹에 휩싸여 있습니다. 새로운 것이 옛 것보다 훨씬 더 좋으니, 새로운 것을 통해서만 우리의 삶이 변화될 것이라는 메시지에 휩싸여 있지요. 저희 가족은 최근 **뉴 커넥트 4**라는 문구가 전면에 새겨진 보드 게임을 하나 구입했는데요, 그런데 사실상 기존 **커넥트 4**와 거의 똑같았고 오히려 더 저렴한 플라스틱으로 만들어져 있는 것을 발견했습니다.

우리는 바울이 말한 "새로운 창조"에 대해 어떻게 해석해야 할까요? 이것이 (깨졌든 아니든) 낡은 옛 것을 대체하는 "새로운 것"이라는 범주에 속하여, 옛 것이 제공할 수 없는 많은 것을 약속하는 것일까요? 물론 저는 아니라고 대답할 것입니다. 새로운 창조는 완전히 다른 유형의 "새로움"입니다. 진정으로 새로운 것이기에 우리에게 절실히 필요한 것이죠. 저에게 있어 이 본문은 우리가 알아야 할 많은 것을 함축하고 있는 바울 서신의 핵심 본문 중 하나입니다. 바울은 여기서 그리스도께서 죽음에서 부활하신 후 세상이 어떻게 달라졌는지에 대해 이야기하고 있습니다. 바울에게 그리스도의 죽음과 부활은 그리스도만 변화시킨 것이 아니라 우리도 변화시켰습니다. 그리스도께서 죽음에서 부활하셨을 때, 이 시대의 물질적인 것에 지배를 받는 존재 방식이 아닌, 하나님의 것으로 지배를 받는 새로운 존재 방식도 열렸습니다. 처음으로 인간은 옛 삶과 옛 삶을 지배했던 모든 것을 버리고, 성령의 지배를 받는 새로운 삶 속으로 들어갈 수 있게 된 것입니다. 바울이 이것을 표현하기 위해 사용한 문구가 바로 "그리스도 안에"(in Christ)입니다. 만일 우리가 "그리스도 안에" 있다면, 우리는 새로운 정체성을 갖게 됩니다. 우리가 통제할 수 없는 인간의 충동들로 이루어진 정체성이 아니라, 그리스도와 그분이 하셨던 모든 일로 형성된 새로운 정체성을 갖게 되는 것이죠.

그리스도 안에 있다는 것은 정말로 "새로운 피조물"이 되는 것입니다. 진정으로 새롭고, 또 우리에게 진정으로 필요한 새로움을 지닌 피조물 말이죠. 하지만 너무나도 중요한 고린도후서 5:17은 정작 번역하기가 까다로운 본문입니다. 그리스어로는 그저 "만일 누구든 그리스도 안에, 새로운 피조물"이라고만 되어 있기 때문입니다. 그래서 영어 번역들도 이 표현을 옮기는 데 어려움을 겪고 있는데요, 어떤 번역은 "만일 누구든지 그리스도 안에 있으면, 그는 새로운 피조물이다"라고 말하고, 또 어떤 번역은 "만일 누구든지 그리스도 안에 있으면, 새로운 창조가 있다"라고 말합니다. 두 번역은 결정적으로 다르지만, 저는 둘 다 옳다고 생각합니다. 그리스도 안에 있는 사람은 누구나 (자신이 하는 모든 일을 변화시키는) 그리스도를 닮은 정체성으로 새로운 피조물이 됩니다. 이와 동시에 누구든지 그리스도 안에 있다면, 이제 새로운 창조가 나타나게 됩니다. 다시 말해, 요한계시록에서 종말에 올 것이라 언급된 새 하늘과 새 땅이 이미 창조되었습니다. 우리만 변화되는 것이 아니라 세상도 변화된 것입니다.

바울이 고린도후서 5:19에서 말했듯이, 하나님께서는 그리스도 안에서 세상을 자신과 화목하게 하셨습니다. 이것은 단순한 개인적 화해가 아니라 영광스러운 우주적 화해입니다. 이제 우리는 온전하고 깊이 있게 하나님과 그리고 서로 간에, 하나가 되는 것이 가능해졌습니다. 온전한 창조 질서와 함께

요. 그리고 이것이 바로 바울이 기독교 공동체에 나타난 갈등에 대해 몹시도 슬퍼했던 이유이기도 합니다. 그리스도 안에 존재하는 새로운 피조물의 표식은 갈등이 아니라 화해이기 때문입니다. 이 화해는 그리스도 안에 있는 사람들로부터 세상을 향해 퍼져 나가는 화해입니다. 그렇기에 오늘날에 이와 같은 메시지는 그 어느 때보다 중요한 메시지입니다. 우리가 제대로 들을 수만 있다면 말이지요.

갈라디아서 1:1 (개역개정)
¹ 사람들에게서 난 것도 아니요 사람으로 말미암은 것도 아니요 오직 예수 그리스도와 그를 죽은 자 가운데서 살리신 하나님 아버지로 말미암아 사도 된 바울은.

제가 어렸을 때 저희 가족은 매년 웨일즈 한가운데에 있는 한 작은 마을로 휴가를 가곤 했습니다. 그곳에는 존스(Jones) 성을 가진 사람들이 너무 많아서, 사람들이 따로 더 자기 소개를 해야할 정도였습니다. 실제로 우리가 머물렀던 농장도 존스 씨의 소유였습니다. 농장주 존스, 우체부 존스, 가게 주인 존스 등 이름과 하는 일을 바로 알 수 있었기 때문에, 누가 누구인지 식별하기가 상당히 쉬웠습니다. 확실히 이름에 호칭을 덧붙이면 신원을 파악하는 데 도움이 될 뿐만 아니라, 그 사람에 대해 조금 더 자세히 알 수 있는 것 같습니다.

바울의 글에서 하나님에 대한 가장 일반적인 호칭 중 하나는 "예수님을 죽은 자 가운데서 살리신 하나님"입니다. 이러한 호칭이 다양한 표현으로 나타나는데, 그중 하나가 갈라디아서 1:1에 나와 있습니다. 이 호칭은 여러 가지 이유로 중요합니다. 바울이 살았던 시대에는 사랑의 여신 아프로디테(Aphrodite), 다산의 여신 아르테미스(Artemis) 등 다양한 특징으로 알려진 수많은 신들이 존재했기 때문입니다. 그러한 상황에서 앞서 언급한 호칭은 하나님 고유의 특징을 명확하게 드러내는 역할을 합니다. 예수님을 죽은 자 가운데서 살리셨다는 특징은 당시에 다른 신들에게서는 알려지지 않은 독특한 정체성이었습니다.

바울이 사용한 하나님에 대한 호칭이 중요한 이유는 또 있습니다. 바울에게 있어 예수님의 부활은 분명 우리 삶을 변화시키는 사건이었지만, 그와 동시에 하나님의 본성에 대해 알려주는 신적인 특징이기도 했는데요, 먼저, 그것은 세상에서 역사하시는 하나님의 능력에 대해 우리에게 말해줍니다. 하나님은 세상을 작동하게 하시고 그 뒤로는 한 발 물러나 계시는 하나님이 아닙니다. 불가능한 일을 행하실 정도로 세상에 간섭하실 수 있고 또 실제로 그렇게 간섭하시는 하나님입니다. 하나님은 죽은 자를 살리셨을 뿐만 아니라, 시간의 경계를 무너뜨리셨습니다. 그래서 시간의 끝에서만 일어났어야 할 사건이 시간의 흐름 한가운데서 일어나게 하셨죠.

부활이 하나님의 본성에 대해 우리에게 알려주는 또 다른 사실은 생명을 주는 하나님의 창조적인 사랑을 넘어서는 것은 아무것도, 말 그대로 아무것도 없다는 것입니다. 우리는 무고한 사람이 가장 끔찍한 방법으로 당한 죽음이 하나님의 구속의 사랑조차도 넘어서는 일이라고 생각할 수 있지만, 실은 그렇지 않습니다. 이 하나님은 그 끔찍한 사건조차도 받아들이시고 그로부터 새로운 생명과 새로운 희망을 가져오실 수 있는 하나님입니다. 우리 삶을 괴롭히는 큰 폭풍들 속에서 우리가 붙잡을 수 있는 것이 바로 이러한 특징입니다. 아무리 견디기 힘들고 아무리 나쁜 일이 닥쳐도, 언제나 우리 그리스도인들에게는 예수님을 죽은 자로부터 살리신 하나님이라는 토대 위에 굳건히 세워진 희망이 있습니다.

그렇다면 우리에게 주어진 과제는 다음과 같을 것입니다. 즉, 만일 하나님께서 그러한 분이시라면, 우리는 어떠한 그리스도인이 되어야 하는가 자문하게 됩니다. 우리는 기도와 예배 속에서 바로 그러한 하나님(의 깊은 본질)이 우리에게 말씀하고 계시다는 사실을 기억해야 합니다. 하나님은 우리를 변화시키시며, 그분을 더욱 닮아가게 하십니다. 만일 하나님께서 죽어가는 세상, 절망적인 세상에 새로운 생명과 새로운 희망을 불어 넣어 주시는 분이라면, 하나님을 예배하는 우리도 마찬가지여야 합니다. 다른 사람들이 우리 그리스도인들에게서 창조성, 새로운 생명, 새로운 희망, 더 나은 미래를 볼 수 있도록 해야 합니다. 바울이 갈라디아, 고린도와 같은 지역의 그리스도인들이 가진 자기 중심적이고 자기 내면만 바라보는 모습을 보고 격노한 이유도 바로 여기에 있습니다. 실제로 기독교 공동체가 예수님을 죽은 자로부터 살리신 하나님을 드러내기는커녕 오히려 숨겨온 경우가 많습니다. 부활의 사람, 부활의 자녀가 되려면 죽음만 있는 곳에 새로운 생명을, 절망만 있는 곳에 새로운 희망을 가져다 주시는 하나님의 특징을 동일하게 드러내는 사람이 되어야 합니다.

에베소서 1:18-20, 22-23 (개역개정)

¹⁸ 너희 마음의 눈을 밝히사 그의 부르심의 소망이 무엇이며 성도 안에서 그 기업(상속)의 영광의 풍성함이 무엇이며 ¹⁹ 그의

힘의 위력으로 역사하심을 따라 믿는 우리에게 베푸신 능력의 지극히 크심이 어떠한 것을 너희로 알게 하시기를 구하노라 [20] 그의 능력이 그리스도 안에서 역사하사 죽은 자들 가운데서 다시 살리시고 하늘에서 자기의 오른편에 앉히사 ⋯ [22] 또 만물을 그의 발 아래에 복종하게 하시고 그를 만물 위에 교회의 머리로 삼으셨느니라 [23] 교회는 그의 몸이니 만물 안에서 만물을 충만하게 하시는 이의 충만함이니라.

함께 더 읽을 말씀: 에베소서 1:17-23

사람들이 잘 못하는 일 중 하나는 그들이 얼마나 운이 좋은지를 인식하는 일입니다. 최근에 저는 아주 흥미로운 제목을 가진 책을 읽었는데요, 바로 A. J. 제이콥스(Jacobs)의 『미친 척하고 성경 말씀대로 살아본 1년』(The Year of Living Biblically)이라는 책입니다. 제목에서 알 수 있듯이 그는 본래 비실천적 유대인이었지만, 어느 시점에 히브리성경의 모든 명령을 지키기 위해 노력하며 1년을 보냈습니다. 비꼬듯이 말하는 부분이 꽤 많았는데, 특히 어른의 신발에 자갈을 떨어뜨린 것이 엄밀히 돌팔매질 당할 일로 간주되는지 아닌지에 대한 그의 추론은 몹시도 흥미로웠습니다. 그 책은 우리가 율법과 어떻게 관계를 맺는지, 또 율법을 지킨다는 것이 실제로 무엇을 의미하는지에 대한 온갖 의구심을 일으켰습니다. 그런데 저에게 아주 감동적이었던 부분도 있었는데요, 바로 저자가 감사하는 법을 배웠다는 부분이었습니다. 율법을 지키는 일의 주요 특징 중 하나가 바로 감사하는 일입니다. 제이콥스는 감사하는 훈련을 통해 세상을 완전히 새로운 눈으로 바라보게 된 자신을 발견했다고 말했습니다.

아마도 바울은 이방인인 우리 모두가 감사하는 방식으로 율법을 지키기기를 바랐을 것입니다. 현재 본문 아래에는 그와 유사한 주제가 깔려 있습니다. 바울은 에베소 성도들의 마음의 눈이 밝아져서 그들이 하나님의 부르심의 소망과 그 기업(상속)의 영광의 풍성함과, 그분의 능력의 지극히 크심이 무엇인지 알기를 바랐습니다. 하나님의 능력은 예수님의 부활과 승천을 통해 이미 드러났으니까요. 그 능력은 에베소 성도들에게 숨겨져 있지도 않았고, 지금 새롭게 나타난 것도 아니었습니다. 그것은 에베소 성도들, 그리고 우리에게 영구히 주어진 것입니다. 사실, 기독교 공동체로서 그들이 존재하는 것 자체가 부활하시고 승천하신 예수님, 이제 교회의 머리가 되신 예수님 덕분입니다. 바울이 말하는 내용의 의미는 그들이 교회가 된 이래로 그 능력이 그들에게 속해 있었으나, 그것을 인식하지 못하고 있다는 것입니다. 그들도 우리와 마찬가지로 하나님께서 주시는 측량할 수 없는 풍요로움을 보지 못하고 있었습니다.

C. S. 루이스의 저서, 『마지막 전투』(*The Last Battle*)에는 많은 사람들이 마구간의 문을 통과해, "새로운 나니아", 즉 다가올 세상에 들어가는 내용이 있습니다. 그 문을 통과한 많은 사람들 옆에는 난쟁이들이 있었는데요, 그 난쟁이들은 새로 창조된 세계의 푸른 잔디밭에 앉아 자신들의 불쌍한 처지에 대해 불평합니다. 새로운 세상에 있음에도 불구하고 그들이 볼 수 있는 것은 바닥에 쓰레기가 쌓여 있는 더럽고 낡은 마구간뿐이었습니다. 그리고 우리는 자주 그 난쟁이들처럼 되는 경향이 있습니다. 우리는 하나님으로부터 온 가장 놀라운 선물을 상속받았습니다. 그럼에도 우리 눈에 보이는 것은 오직 문제, 문제, 문제들뿐입니다. 부활의 삶 속에는 하나님께서 우리에게 주신 놀라운 선물을 깨닫고 그에 대해 감사하는 법을 배우는 일도 포함됩니다. 그리고 감사하는 삶을 살려면 연습이 필요합니다. 우리는 자주 냉소와 비관의 기술을 익힙니다. 그리고 그다지 정교해 보이지 않는 감사의 기술을 쥐어 짜냅니다. 부활의 삶을 온전히 누리며 살기 위해서는 감사하는 훈련을 해야 합니다. 우리의 마음 속 깊은 곳에서 발현되어 우리가 하는 모든 일로 퍼져 나가는 감사말이지요.

에베소서 2:4-7, 10 (새번역)

⁴ 그러나 하나님은 자비가 넘치는 분이셔서, 우리를 사랑하신 그 크신 사랑으로 말미암아 ⁵ 범죄로 죽은 우리를 그리스도와 함께 살려 주셨습니다. 여러분은 은혜로 구원을 얻었습니다. ⁶ 하나님께서 그리스도 예수 안에서 우리를 그분과 함께 살리시고, 하늘에 함께 앉게 하셨습니다. ⁷ 그것은 하나님께서 그리스도 예수 안에서 우리에게 자비로 베풀어주신 그 은혜가 얼마나 풍성한지를 장차 올 모든 세대에게 드러내 보이시기 위함입니다. … ¹⁰ 우리는 하나님의 작품입니다. 선한 일을 하게 하시려고 하나님께서 그리스도 예수 안에서 우리를 만드셨습니다. 하나님께서 이렇게 미리 준비하신 것은 우리가 선한 일을 하며 살아가게 하시려는 것입니다.

함께 더 읽을 말씀: 에베소서 2:1-10

여러 은유들을 뒤섞는 것은 흥미로운 일인가요? 아니면 짜증나는 일인가요? 저는 전자라고 답하고 싶습니다. 자주 은유들을 뒤섞는 사람들 중 한 명이 바로 저이기 때문이죠. 그래서

인지 은유들을 뒤섞는 사람이 저 혼자가 아니라는 사실을 발견할 때면 어쩐지 안심이 됩니다. 실제로 우리 주변에서 은유들을 뒤섞는 다양한 사례들을 찾아 볼 수 있는데요, 대표적으로 다음과 같은 사례들이 있습니다. "땅 짚고 떡 먹기", "떡 줄 사람은 생각도 않는데 지붕 쳐다본다", "못 먹을 감 더러워서 피한다." 또한 위대한 연설가이기도 했던 버락 오바마(Barack obama)도 "장차 우리 앞에 펼쳐질 미래를 생각하면 …"이라는 표현을 자주 사용했습니다. 이처럼 은유들을 뒤섞는 것은 여러 이미지들을 사용하여 자신이 말하려는 내용을 생생하게 전달하려는 의도인데, 물론 여기에는 언제나 위험이 뒤따릅니다.

바울도 이와 다르지 않았습니다. 여기서 조금 혼란을 느낄 수도 있는데요, 바울은 로마서 6:3-5에서 우리가 세례를 받을 때 그리스도와 함께 죽고 부활한다고 말하지 않았습니까? 그런데 어째서 여기 에베소서 본문에서는 어째서 "범죄로 죽은 우리"라고 말하는 걸까요? 즉, 로마서에서는 우리가 세례를 받을 때 그리스도와 함께 죽는다고 말해 놓고, 여기서는 어째서 그전에 우리가 이미 죽었다고 말하는 걸까요? 그 대답은 바울서신 속 모든 본문들과 마찬가지로, 바울이 그의 심오한 메시지를 전달하기 위해 다양한 이미지를 사용했다는 것입니다. 어떤 경우에는 지나칠 만큼 복잡한 이미지들을 사용하기도 했고요.

로마서 6:3-5에서 바울은 우리가 그리스도와 함께 죽고 함께 살아나는 과정에 대해 이야기하지만, 에베소서에서 그는 "그리스도 안에" 있기 전의 상태와 "그리스도 안에" 있은 후의 상태를 대조하고 있습니다. 우리가 그리스도 안에 있기 전에는 범죄로 인해 사실상 죽은 상태나 마찬가지입니다. 그리고 그 죽음에 대한 유일한 '치료법'은 부활입니다. 우리가 우리의 범죄로 인하여 이미 죽은 상태였다면, 지금 우리가 살아있는 상태를 설명하는 데 가장 적합한 이미지는 곧 부활입니다. 엄밀히 말하면, 바울이 은유들을 뒤섞어 사용했다기보다는, 두 가지 다른 내용을 설명하기 위해서 동일한 은유를 사용했다고 말하는 것이 더 정확한 표현일 것입니다.

지금 이 에베소서 본문은 부활이 우리의 일상 생활에 미치는 영향에 대해 바울이 본격적으로 설명하기 시작하는 본문입니다. 우리가 그리스도와 함께 살아났다면, 우리의 정체성은 부활하신 그분의 존재와 연합되어 있습니다. 우리는 하나님에 의해 다시 빚어졌고 그리스도 안에서 다시 창조되었습니다. 그 결과, 우리는 더 이상 이전의 우리가 아니라, '선한 일'을 위해 재창조된 존재, 그리스도를 닮도록 다시 빚어진 존재가 되었습니다. 선한 일에 힘쓰는 것은 이제 우리가 누구인지를 보여주는 일이 되었습니다. 우리의 기분에 따라 할 수도 있고 안 할 수도 있는 선택 사항이 아니라, 새로 창조된 존재가 갖는 본성의 일부가 된 것입니다. 따라서 이제 선한 일을 하지 않는다는 것은 마치 두 발로 걷도록 창조되었지만, 계속해서 네 발로 걷는 것을 선택하는 것과 같습니다.

그리스도 안에서 우리의 새로운 정체성은 새로운 본성과 성장의 결합으로 이루어집니다. 우리의 정체성이 변화된 것과 동시에 우리의 의지력도 필요합니다. 하나님은 우리를 재창조하셨고, 우리는 그 새로운 정체성을 받아들일 것인지 무시할 것인지를 선택해야 합니다. 선택은 우리의 몫이지만, 그 정체성을 무시하는 것은 곧 예수님의 부활, 예수님을 죽은 자 가운데서 살리신 하나님의 행동, 그리고 장래에 있을 우리 자신의 부활을 거부하는 것임을 알아야 합니다. 부활은 흥미로운 사건 정도에 그치는 일이 아니라, 우리에게 완전히 다른 관점을 요구하는 일입니다. 궁극적으로 부활은 마치 월요일 아침에 이루어지는 신학과도 같습니다. 그렇습니다. 그것은 신학입니다. 하지만 부활이 (다른 모든 요일들뿐만 아니라) 월요일 아침에 우리가 하는 일과 생각하는 방식을 변화시키지 않는다면, 그것은 사실상 아무런 가치가 없는 것이나 마찬가지입니다.

골로새서 3:1-5 (개역개정)

¹ 그러므로 너희가 그리스도와 함께 다시 살리심을 받았으면 위의 것을 찾으라 거기는 그리스도께서 하나님 우편에 앉아 계시느니라 ² 위의 것을 생각하고 땅의 것을 생각하지 말라 ³ 이는 너희가 죽었고 너희 생명이 그리스도와 함께 하나님 안에 감추어졌음이라 ⁴ 우리 생명이신 그리스도께서 나타나실 그 때에 너희도 그와 함께 영광 중에 나타나리라 ⁵ 그러므로 땅에 있는 지체를 죽이라 곧 음란과 부정과 사욕과 악한 정욕과 탐심이니 탐심은 우상 숭배니라.

함께 더 읽을 말씀: 골로새서 3:1-15

부활에 대한 바울의 생각을 정리하고 마무리할 수 있는 서신은 골로새서입니다. 골로새서에서 바울은 우리가 다른 본문들에서 배운 내용을 명시적으로 언급하고 있습니다. 우리가 그리스도와 함께 다시 살리심을 받았다면, 우리는 그분 안에 뿌리를 박고 세우심을 입어 새로운 정체성을 갖게 됩니다(골 2:7). 즉, 우리는 새롭게 창조되어 이전과 다른 사람이 됩니다.

앞서 나온 에베소서 본문에서도 보았듯이, 우리는 이제 선한 일을 위해 창조되었습니다. 이제 우리는 그것을 염두에 두고 살아야 합니다. 골로새서 본문을 보면, 안타깝게도 우리의 정체성이 바뀌었다고 해서 우리의 행동도 저절로 바뀌는 것은 아님을 알 수 있습니다. 탐욕과 이기심, 무분별함과 무심함에 사로잡혀 있었던 우리가, 지체없이 하나님에게만 (그리고 세상을 향한 하나님의 역사에만) 마음을 쏟으며 살아갈 수 있다면 얼마나 좋을까요? 하지만 현실은 결코 그렇지 못하다는 점은 제가 굳이 설명하지 않아도 될 것입니다.

바울이 이 골로새서 본문에서 분명히 밝히고 있듯이, 그리스도 안에서 새로운 삶을 살기 위해서는 날마다 마음을 정하여 결심하고 날마다 몸부림쳐야 합니다. 그리스도인이 된다고 해서 모든 유혹과 실패로부터 자유로워질 수 있다는 보장은 없습니다. 그리스도를 닮아가는 것은 힘든 접붙임의 과정입니다. 우리가 마지막 숨을 거두는 순간까지 평생에 걸쳐 노력해야 할 과정이지요. 바울은 우리에게 위에 있는 것을 추구하고 그것에 마음을 두라고 말합니다(골 3:1-2). 이것은 운전 중 유턴을 하는 것과는 다릅니다. 즉, 한 순간 한 방향을 바라보다가 다음 순간 반대 방향을 바라보는 것과는 다릅니다. 골로새서에서 바울이 말한 것은 마치 양말을 한 서랍에서 다른 서랍으로 옮기는 것과 같습니다(최소 100번). 처음 양말을 옮길 때는 매번 옛 서랍으로 가서 양말을 찾을 것입니다. 하지만 시간이 지남에 따라 조금씩 기억이 나서 새 서랍으로 가서 양말을 찾기 시작할 것입니다. 물론 이따금씩은 다시 까먹고 옛 서랍으로 갈테지만요. 그렇지만 점점 더 자주 새 서랍을 기억하게 될 것입니다. 그러다 결국에는 옛 서랍으로 거의 가지 않게 되겠지요.

그리스도인의 실존은 이와 유사합니다. 적어도 어느 정도는 우리의 마음이 위의 것을 향하도록 훈련할 수 있습니다. 그러나 여기서 우리의 마음을 어렵게 하는 것은, 한 가지 측면을 (부분적으로나마) 배우고 나면 새로운 측면이 발생해서 처음부터 다시 시작해야 한다는 것입니다. 앞서 언급한 양말 비유로 이야기하자면, 양말이 어디에 있는지 겨우 기억하고 있는데, 누군가 티셔츠를 옮기면 전체 과정을 처음부터 다시 시작해야 한다는 것입니다. 우리의 마음과 생각이 위의 것을 향하게 하려면 상당한 시간과 헌신, 그리고 비전이 필요합니다. 바울은 우리가 포기하지 않고 싸워야 하는 이유를 상기시킵니다. 우리의 생명이 그리스도와 함께 하나님 안에 감추어져 있기 때문입니다. 우리는 단지 "그리스도 안에" 있는 존재에 그치지 않습니다. 우리의 생명은 이제 그리스도가 계신 곳에 있습니다. 곧 그리스도와 함께 우리를 일으키시고 홀로 완전히 거룩하신 하나님 안에 숨겨져 있습니다. 이것은 우리를 계속해서 앞으로 나아가도록 만들기에 충분한 동력입니다.

히브리서 13:20-21 (개역개정 참고)

²⁰ 양들의 큰 목자이신 우리 주 예수를 영원한 언약의 피로 죽은 자 가운데서 올라오게 하신 평강의 하나님이 ²¹ 모든 선한 일에 너희를 온전하게 하사 자기 뜻을 행하게 하시고 그 앞에 즐거운 것을 예수 그리스도로 말미암아 우리 가운데서 이루시기를 원하노라 영광이 그에게 세세무궁토록 있을지어다 아멘.

함께 더 읽을 말씀: 히브리서 13:18-25, 이사야 63:7-19

히브리서에서 부활을 명시적으로 언급하는 것은 단 한 번뿐입니다. 히브리서 전체에 걸쳐 암시적으로 깔려 있기는 하지만 직접적으로 부활이 언급된 것은 히브리서 13:20, 단 한 번뿐입니다. 히브리서는 여러 가지 측면에서 참 매력적인 책인데요, 히브리서는 신약성경의 다른 어떤 책보다 유대 전통에 깊이 뿌리를 박고 있으며, 또한 편지(서신)라기보다는 사실 설교에 더 가깝습니다. 이는 히브리서가 기도(히 13:20-21)와 몇 가지 권면과 인사말(히 13:22-25)로 마무리된다는 사실에서 더욱 분명하게 드러납니다. 많은 설교들에서 그런 것처럼, 히브리서의 설교 마지막에 나오는 기도가 책 전체에 흐르는 다양한 흐름들을 한 데 모으고 있습니다. 일종의 요약에 가깝지요.

히브리서의 가장 두드러진 특징 중 하나는 바로 구약성경에 푹 빠져있다는 점입니다. 히브리서는 분명 구약성경에 정통한 사람이 기록한 것입니다. 그리고 이것이 바로 오늘날 많은 그리스도인들이 히브리서를 이해하는 데 어려움을 겪는 이유입니다. 우리는 히브리서 저자만큼 구약성경에 정통해 있지 않습니다. 그 결과 우리는 히브리서를 더욱 깊이 있게 만드는 몇 가지 중요한 반향을 놓치고 있습니다. 우리가 함께 본 히브리서 본문 뒤에는 이사야서 63:11이 있습니다. "그들은 지난날 곧 주님의 종 모세의 날을 생각하며 물었습니다. '그의 백성 곧 양 떼의 목자들을 바다로부터 건져 올리신 그분이 이제는 어디에 계시는가?'"(사 63:11 새번역 참고). 여기에는 몇 가지 근거가 있습니다. 먼저 히브리서 저자는 우리가 앞서 살핀 부활에 관한 바울의 표현, 즉 예수님을 죽은 자 가운데서 "살리셨다"는 표현 대신, 예수님을 죽은 자 가운데서 "올라오게 하셨다"는 표현을 사용한다는 점입니다. 이사야서 63:11을 보면 하나님께서 하나님의 백성을 바다에서 건져 올리시는 모습을 묘사할 때 이와 유사한 표현이 사용되었다는 것을 알 수 있습니다. 또한 히브리서와 이사야서 본문 모두에서 양 떼의 목자를 언급하고 있다는 점 역시 히브리서의 저자가 이사야서의 구절을 염두에 두고 있음을 암시합니다.

이 본문을 바울의 글과 비교했을 때 발견할 수 있는 흥미로운 점 중 하나는, 바울은 이미지와 은유 사용을 즐겼음에도 불구하고, 결코 예수님의 부활에 대해서는 그것들을 사용하지 않았다는 점입니다(오직 예수님의 부활과 우리의 관계에 대해서 이야기할 때만 사용합니다). 바울에게 부활은 그것을 설명하기 위해 따로 이미지가 필요하지 않을 정도로 충분히 자명한 일이었습니다. 그러나 히브리서의 저자는 부활에 출애굽 사건의 이미지를 덧붙여 설명합니다. 히브리서 저자에게 있어서 예수님의 부활은 곧 새로운 출애굽이었습니다. 하나님의 백성이 홍해에서 건져 올려진 것처럼, 예수님 역시 죽은 자 가운데서 건져 올려지셨습니다. 당시 하나님의 백성은 그들의 지도자인, 양 떼의 목자들과 함께 건져 올려졌지만 모든 지도자 위에 계신 지도자, 위대한 목자이신 예수님은 홀로 올려지셨습니다. 그렇다면 히브리서 저자에게 부활은 궁극적으로 출애굽입니다. 예수님께서 죽음에서 부활하셨을 때 우리는 이전에 누리지 못한 진정한 자유를 얻게 된 것입니다.

히브리서 저자는 이 본문의 기도에서 사람들을 자유와 해방으로 이끄시는 하나님을 언급하면서, 우리가 하나님의 뜻을 행할 수 있도록 우리를 온전하게(그리스어에는 "회복하다"라는 뜻이 들어 있습니다) 해달라고 기도합니다. 진정한 자유 즉, 영광스럽게 회복된 출애굽의 자유는 우리 자신을 기쁘게 하는 것이 아니라 하나님의 뜻을 행하는 것입니다. 하나님 안에만 완전한 자유가 있습니다.

베드로전서 1:3-5 (새번역)

3 우리 주 예수 그리스도의 하나님 아버지께 찬양을 드립시다. 하나님께서는 그 크신 자비로 우리를 새로 태어나게 하셨습니다. 그리하여 그는 죽은 사람들 가운데서 예수 그리스도가 부활하심으로 말미암아 우리로 하여금 산 소망을 갖게 해 주셨으며 4 썩지 않고 더러워지지 않고 낡아 없어지지 않는 유산을 물려받게 하셨습니다. 이 유산은 여러분을 위하여 하늘에 간직되어 있습니다. 5 하나님께서는 여러분의 믿음을 보시고 그의 능력으로 여러분을 보호해 주시며, 마지막 때에 나타나기로 되어 있는 구원을 얻게 해 주십니다.

함께 더 읽을 말씀: 베드로전서 1:3-12

저는 말주변이 좋은 편입니다. 저는 문장과 문장 사이에 숨을 쉬지 않고 말하고 말하고 또 말할 수 있습니다. 저의 이런 점을 제 아이들도 물려받은 것 같습니다. 그래서 정말로 아침부터 밤까지 쉬지 않고 떠들어대는 아이들 때문에 골머리를 앓고 있습니다. 다른 사람에게 미치는 어떤 영향을 때로 제 자신이 경험하게 된다는 게 어떤 면에서 보면 자연스러운 일인 것 같기도 합니다. 하지만 쉬지 않고 말하는 제 능력은 베드로에 비하면 아무 것도 아닙니다. 베드로전서 1:3-12은 사실 섬세하게 잘 짜여진 (그리스어) 한 문장이거든요. 저조차 중간 중간 숨을 쉬지 않고는 한 번에 다 읽을 수 없는 문장입니다. 이 문장 전체는 신약성경 전체를 통틀어 하나님의 본성, 예수님의 본성, 그리고 그 본성들과 우리의 관계에 대한 가장 깊이 있는 요약 중 하나입니다. 물론 우리에게 필요한 모든 신학이 담겨 있다는 말은 아닙니다. 하지만 상당히 많은 신학이 담겨 있는 것은 사실입니다. 이는 마치 여러 가지 음식들이 한 접시에 담겨 나오는 것과 같습니다.

베드로전서는 바울서신과 매우 유사한 방식으로 부활을 포함한 신학적 전제들을 세워 나갑니다. 그리고 부활이 우리가 삶을 살아가는 방식에 어떠한 차이를 가져오는지, 혹은 가져와야 하는지에 대해 이야기합니다. 베드로는 이 한 문장(벧전 1:3-12)을 통해 우리가 누구이며 어떻게 살아가야 하는지에 대한 이야기를 떠받치는 신학적 토대를 제시합니다. 처음에 나오는 내용은 베드로의 신학에 대해 매우 중요한 부분을 드러내는데요, 바울과 마찬가지로 베드로는 예수님의 부활에 비추어 그리스도인의 존재 전체를 바라봅니다.

앞서 몇몇 본문들을 통해 어떤 개념들을 설명하기 위해 이미지를 사용하는 방식을 살펴본 적이 있는데요, 여기서도 베드로가 사용한 이미지를 살펴볼 가치가 있습니다. 바울은 부활에서 직접 가져온 죽음과 살아남의 이미지를 사용하여 우리의 현 존재를 설명하는데요, 베드로 역시 바울과 비슷한 개념을 가지고 있지만 그와는 다른 이미지, 즉 출산의 이미지를 사용합니다. 이 베드로전서 본문에서 눈에 띄는 특징 중 하나는 우리가 새로운 산 소망(living hope)을 갖게 되었음을 설명하기 위해 베드로가 사용한 동사입니다. 베드로는 하나님이 우리를 다시 태어나게 하셨다고 말하는데요, 이는 요한복음 3장에서 볼 수 있는 거듭남의 이미지와 매우 흡사한 표현입니다. 여기서 특이한 점은 동사가 수동태가 아닌 능동태로, 우리보다는 하나님께 더 초점을 맞추고 있다는 점입니다. "우리는 하나님에 의해 다시 태어나게 되었다"거나 "하나님에 의해 새 생명을 얻었다"고 말할 수도 있었지만 그러지 않았습니다. 대신 하나님께서 우리를 다시 태어나게 하셨다거나 거듭나게 하셨다고 말합니다. 하나님은 먼 곳에 계신 새 생명의 기여자가 아니라, 우리를 그리스도 안에서 새로운 생명의 영역으로 인도하시는 능동적인 출산자이십니다.

베드로는 여기서 죽음과 부활, 그리고 탄생을 연결 짓습니다. 아기를 낳는다는 것은 죽었다가 다시 살아나는 것과 비슷한 경험입니다. 그때 우리는 생명의 경계선에 서게 되며 마치 죽음과 새 생명 사이가 머리카락 한 올 차이인 것처럼 느끼게 됩니다. 베드로가 그리스도인에게 일어난 일을 설명하기 위해 선택한 이미지가 바로 이 이미지입니다. 예수님의 부활을 통해 하나님은 우리를 다시 태어나게 하십니다. 하나님은 우리와 똑같이 살아 숨 쉬는 산 소망으로 우리를 재창조하십니다. 지금 우리가 살고 있는 영역은 생명을 앗아가는 절망이 아니라 살아 있는 소망으로 가득 차 있습니다. 신약성경 저자들에게 소망은 오늘날의 사람들이 흔히 떠올리는 어떤 감정이 아니었습니다. 그들에게 소망은 곧 현실이었습니다. 살아있는 소망은 우리가 그것을 느끼든 느끼지 않든 상관없이 존재하며, 우리가 지금 살고 있는 부활한 삶의 또 다른 표식입니다.

묵상 정리

서신서에서 예수님의 부활에 대한 말씀들을 살펴보다 보면 한 가지 강조점을 보이는데요, 그것은 바로 예수님의 부활이 결코 우리의 일상 생활에 전혀(혹은 거의) 영향을 미치지 않는 사건, 우리와는 거리가 먼 역사적 사건이라고 말할 수 없다는 것입니다. 오히려 정반대입니다. 그래서 서신서에서 우리는 예수님의 부활과 관련하여 다음과 같은 특징들을 발견할 수 있습니다.

- 예수님의 부활은 미래에 대해 생각하는 방식을 바꾸고, 이 세상과 현 시대 너머로 더 많은 것이 있음을 보증합니다.
- 예수님의 부활은 우리가 하나님에 대해 생각하는 방식을 바꾸고, 하나님의 중요한 본성 곧 죽음에서 살리는 능력과 의지를 드러냅니다.
- 예수님의 부활은 우리가 우리 자신의 정체성에 대해 생각하는 방식을 바꾸고, 우리가 그리스도와 함께 죽고 함께 새 생명으로 부활했기 때문에 이제 "그리스도 안에서" 변화된 우리의 정체성을 바라보게 합니다.
- 예수님의 부활은 우리가 하는 모든 일의 방식을 바꾸는데, 이것이 무엇보다도 가장 중요한 것입니다.

부활하신 그리스도의 존재는 우리와 우리의 삶을 변화시키며, 이에 대한 유일한 응답은 이전과 다르게 사는 것입니다. 다시 말해, 화해와 자유, 소망이라는 부활의 가치로 충만한 삶을 살아야 합니다.

서신서의 저자들이 부활에 대해 이야기할 때 거의 예외없이 언급하는 내용이 있는데요, 그들은 예수님이 살아나셨으니, 이제 일어나야 할 일에 대해 이상적인 측면에서 이야기합니다. 물론 이상과 현실이 항상 일치하는 것은 아님을 인정하고 현실적인 입장을 취하는 경우도 있습니다. 그럼에도 불구하고 저는 그러한 이상을 제시하고 우리의 목표를 높이도록 격려하는 것이 옳다고 생각합니다. "하늘을 겨냥하면 나무 꼭대기라도 닿을 수도 있다"라는 속담처럼요. 앞서 말한 이상은 곧 궁극적으로 하늘을 겨냥하는 것입니다. 하지만 목표에 도달하지 못했다고 해서 낙심해서는 안 되며, 도리어 목표에 대한 비전을 더 강화해야 합니다. 우리는 세상의 종말을 앞두고 살고 있습니다. 우리가 살고 있는 이 세상은 결코 완벽할 수 없습니다. 하지만 그렇다고 해서 지금 당장 종말의 완전함이 지닌 빛을 찾을 수 없다는 것은 아닙니다. 부활의 사람들은 그 희미한 빛을 향해 살도록 부르심을 받았습니다. 그러므로 우리는 그리스도의 영광이 세상에 빛나도록 해야 합니다. 그리고 그 영광은 금이 가고 흠이 있는 그릇을 통해 빛난다는 사실을 기억해야 합니다.

제6장

하나님의 우편

제6장 하나님의 우편

승천

서론

죽음, 부활, 승천, 성령 강림이라는 4가지 사건들 중에서 승천은 사람들이 잘 기념하지 않는 사건입니다. 그 이유 중 하나는 교회들이 그 승천일을 기념하는 날이, 부활절로부터 40일이 지난 후, 즉 일요일이 아닌 목요일이기 때문입니다. 그런데 사실 이보다 더 큰 문제가 있는데요, 바로 승천일을 부활절과 성령 강림절이라는 절정의 절기들 사이에 있는 다소 덜 중요한 날로 생각한다는 것입니다. 부활절과 성령 강림절은 중요한 절기로 인식되는 반면, 승천일은 이 땅에 오신 예수님의 마지막 모습을 떠올리게 할 뿐입니다. 물론 앞서 성금요일에 예수님의 죽음이라는 커다란 상실을 떠올리기 때문에, 이후

또다시 작별을 준비한다는 것이 어렵게 느껴질 수 있습니다.

심지어 이보다 더 큰 문제는 승천으로 대표되는 세계관의 문제입니다. 승천이라는 용어 자체부터 우리에게는 문제가 됩니다. 일단 승천은 예수님이 하늘나라로 올라가시는 것을 떠올리게 하는데요. 이는 사람들이 하늘나라가 땅 바로 위에 있고, 하늘나라에 도달한다는 것은 곧 위로 올라간다는 의미라고 생각했던 시대에서 비롯된 것입니다. 오늘날 우리는 매일 구름 '위로', 또 이따금씩 지구의 대기권 너머까지 '위로' 올라가는 세상에 살고 있습니다. 우리는 하늘나라가 땅 위에 공간적으로 존재하는 것이 아님을 알고 있습니다. 이처럼 오늘날 우리가 더 이상 초기 그리스도인들이 견지했던 세계관을 갖고 있지 않다면, 승천에 대해서 어떻게 이야기해야 할까요?

이 장에서는 사도행전이 말하는 승천 이야기와, 승천이 그리스도와 우리 자신을 바라보는 방식에 있어 중요한 문제인 이유에 대해 살펴보려고 합니다. 승천은 그저 부활과 성령 강림 사이에 일어난 사건, 그 사건들보다 덜 중요한 사건이 아닙니다. 승천일 역시 부활절과 성령 강림절과 동일하게 중요한 날이며, 우리가 일반적으로 기념하는 것보다 훨씬 더 큰 관심을 기울여야 하는 날입니다.

사도행전 1:9-11 (새번역)

⁹ 이 말씀을 하신 다음에 그가 그들이 보는 앞에서 들려 올라가
시니 구름에 싸여서 보이지 않게 되었다. ¹⁰ 예수께서 떠나가실
때에 그들이 하늘을 쳐다보고 있는데 갑자기 흰 옷을 입은 두
사람이 그들 곁에 서서 ¹¹ 갈릴리 사람들아, 어찌하여 하늘을 쳐
다보면서 서 있느냐? 너희를 떠나서 하늘로 올라가신 이 예수
는 하늘로 올라가시는 것을 너희가 본 그대로 오실 것이다 하
고 말하였다.

함께 더 읽을 말씀: 사도행전 1장

승천절(승천일로부터 성령 강림절까지의 10일의 기간을 의미 - 역주) 설교
때 자주 사용하는 방법 중 하나는 헬륨 풍선을 날려 보내는 것
입니다. 저는 이와 같이 풍선을 사용하여 드리는 승천일 예배
에 여러 차례 참석한 경험이 있습니다. 하지만 그러한 예배에
서 풍선을 예시로 사용하는 것은, 승천에 대한 이해를 돕기보
다는 오히려 방해가 되는 것은 아닌지 의문이 들 때가 많습니
다. 왜냐하면 헬륨 풍선은 (하늘로 올라가는 것은 아니지만) 위로 떠올
랐다가 결국 헬륨이 떨어지면 다시 떨어지거나 혹은 나무에

걸려 터지기 때문입니다. 그런데도 이것이 정말로 승천의 본질을 전달할 수 있을까요?

어떤 면에서 보면 우리도 초기 제자들과 같이 위로 올라가시는 예수님의 움직임만을 쳐다보고 있다고 말할 수 있습니다. 사도행전 1장의 본문을 보면, 일반적으로 천사로 여겨지는 흰 옷을 입은 두 사람이 제자들에게 왜 위를 쳐다보며 서 있느냐고 묻습니다. 오늘날 우리도 물끄러미 위를 쳐다보며 서 있을 때가 있는데요, 어째서 위를 올려다보고 있는지 그 이유가 명확하지 않아도, 어쨌든 그저 위를 올려다 볼 때가 있습니다. 흰 옷을 입은 두 사람이 제자들에게 한 말은 오늘날 우리가 승천을 올바로 이해하는 단서가 됩니다. 요점은 예수님께서 위로 "올라가셨다"는 것이 아니라, 그분이 "가셨다"는 것입니다. 즉, 예수님이 움직이신 방향이 그분의 부재만큼 중요한 것은 아닙니다.

우리는 승천일을 맞아 주님의 위대한 부재를 기념합니다. 그것이 우리의 선교에 있어서 필수적인 부분이기 때문입니다. 승천은 우리를 버리셨다는 뜻이 아닙니다. 만일 예수님께서 부활하신 상태로 계속 지상에 계셨다면, 우리는 그분의 일에 제대로 동참하지 못했을 것입니다. 가장자리에 서서 감탄의 소리를 냈을지는 모르지만, 그분의 일에 동참하기는 어려웠을 것입니다. 예수님이 어느 순간 옆에 나타나실지 모르는데, 누가 자신 있게 나서서 다른 이들을 제자로 삼고, 세례를 베풀고, 예수님의 계명을 가르칠 수 있을까요? 예수님으로부터 직접 들을 수 있는데, 누가 우리의 선포에 귀를 기울일까요?

제가 학생이었을 때 많은 도움을 받던 교회에서, 다른 교회로 옮겨갔던 때가 있었는데요, 옮겨간 교회에서 저에게 주일학교 아이들을 가르쳐 달라고 부탁을 했습니다. 저는 크게 당황했지요. 정말 자신은 없었지만 교회에서 아주 절박하게 부탁을 했기에 저는 결국 수락을 했습니다. 예상대로 저는 그다지 능숙하지 못했지만, 그건 크게 중요하지 않았습니다. 중요한 것은 제가 해냈다는 것이었습니다. 그러던 중 다른 성도 한 분이 제가 혼자서 얼마나 힘들었겠냐고 물으시며 저를 도와주겠다고 말씀하셨습니다. 그렇게 우리는 함께 꽤 좋은 팀이 되었습니다. 하지만 부재라는 절박함이 없었다면 이 모든 일은 일어나지 않았을 것입니다.

예수님의 부재는 세상을 향한 하나님의 사랑을 보여주는 계획, 앞뒤를 가리지 않는 하나님의 계획 안에서 중요한 연결고리 역할을 합니다. 하나님은 그분의 아들을 세상에 보내셨습니다. 그 아들은 마구간 동물들의 구유에 뉘였던 이후 언제든 죽음을 맞이할 수도 있었지만, 결국 십자가에서 죽음을 맞이하게 됩니다. 그러고 나서 하나님은 예수님을 죽은 자 가운데서 살리십니다. 그리고 예수님이 시작하신 일을 우리가 끝내도록 남겨두셨습니다. 그것은 가장 위험천만한 계획이었지만, (하나님의 계획이었기에) 기이하게도 성공했습니다. 우리가 이 계획에 있어 얼마나 중요한 존재인지를 생각해보는 것이 중요합니다. 하나님은 하나님께서 너무나도 사랑하시는 세상과 그 안에 있는 모든 사람들을 보살피도록 우리를 부르셨습니다. 우리 외에는 그 일을 할 사람이 없습니다. 하나님은 우리가 그 일의 필요를 깨닫고 채우기를 기다리고 계십니다. 괜찮은 제안이 아닐지도 모르지만, 승천에 대한 더 좋은 설교 예화 방법은 예배 인도자가 밖으로 나가서 회중을 홀로 내버려 두는 것일지도 모릅니다. 이것이 오히려 승천의 진정한 메시지를 더 잘 전달할 수 있으니까요.

사도행전 7:55-56 (개역개정)

⁵⁵ 스데반이 성령 충만하여 하늘을 우러러 주목하여 하나님의 영광과 및 예수께서 하나님 우편에 서신 것을 보고 ⁵⁶ 말하되 보라 하늘이 열리고 인자가 하나님 우편에 서신 것을 보노라 한대.

함께 더 읽을 말씀: 사도행전 7:1-60

앞서 오늘날 우리가 하늘나라에 대해 생각할 때, 그것을 공간적인 측면에서 이해하는 데 불리하다는 점을 살펴봤습니다. 우리에게는 공간적으로나 물리적으로 우리 위에는 하늘(나라)의 영역이 아니라 우주가 있다는 것을 알고 있기 때문에, 우리에게 '위'는 더 이상 하늘나라를 전달하지 못합니다. 물론 이것은 극복할 수 없는 문제가 아닙니다. (상상력을 발휘해 보자면) 제가 과학자는 아니지만, 과학자들 사이에서 세상을 다차원적으로 바라보는 시각이 점점 더 많아지고 있다고 들었습니다. 신약성경 시대를 살았던 사람들의 관점에서는 무언가가 상하좌우, 앞뒤로만 존재할 수 있었지만, 지금은 대부분의 사람들이 이해하는 것보다 훨씬 더 복잡한 방식으로 우주를 이해할 수 있게 되었습니다. 따라서 하늘나라가 우리의 3차원적 세계관을 초월하는 방식으로 존재할 수도 있습니다. 물론 그렇다고 해도 과거의 3차원적 방식이 아닌 다른 방식으로 무언가를 설명하고 전달할 수 있는 언어를 개발해야 하겠지만요.

스데반이 그리스도를 본 장면이 중요한 이유는 앞서 언급한 문제에 대한 답을 주기 때문이 아니라, 승천 후 그리스도에게 어떤 일이 일어났는지를 알려주기 때문입니다. 우리에게 승천은 부재와 관련이 있지만 그리스도에게는 귀향과 관련이 있습니다. 승천하신 그리스도에 대한 가장 일반적인 설명 중 하나는 지금은 그분이 (하늘나라의 영역에서) 하나님 우편에 계신다는 것입니다(롬 8:34; 엡 1:20; 골 3:1; 히 10:12, 12:2; 벧전 3:22). 이것은 너무나도 중요한 부분입니다. 하나님의 우편은 하나님의 권능의 위치이며("하나님의 오른손에 승리가 가득합니다"[시 48:10]), 하나님께서 선택하신 다윗 계열 지도자에게 약속된 위치입니다("여호와께서 내 주에게 말씀하시기를 내가 네 원수를 네 발판이 되게 하기까지 너는 내 오른쪽에 앉아 있으라 하셨도다"[시 110:1]). 또한 중요한 것은 신약성경 속 수많은 본문들 속에서 예수님이 하나님 우편에 앉아 계신다는 것입니다. 유대 문헌들을 보면 하나님의 보좌 주변에 천사들이 있다는 언급을 다수 찾아볼 수 있는데요, 특히 그 천사들이 하나님과 함께 앉을 수 있는지, 아니면 특별한 경우에 하나님의 보좌에 앉을 수 있는지에 대한 논의도 찾아볼 수 있습니다.

천사들이 하나님의 존전에 앉을 수 있는지에 대한 논의를 고려해보면, 승천하신 그리스도에 사용된 언어의 중요성이 더욱 부각됩니다. 승천하신 그리스도는 하나님과 함께 앉아 계실 뿐만 아니라, 하나님 자신의 보좌에 앉아 계신 것처럼 보이기 때문입니다. 즉, 하나님 옆에 있는 별도의 보좌에 앉아계신 것이 아닙니다. 이 부분은 특히 보좌 한가운데에 계신 어린 양을 묘사하는 요한계시록 7:17에서 분명하게 나타납니다. 예수님의 승천은 하나님의 아들로서뿐만 아니라 지금 하나님과 함께 그 보좌에 앉을 자격이 있는 유일한 존재로서 그분이 지닌 참된 본성을 드러냅니다. 이러한 내용의 중요성 때문에, 사도행전 본문에서 예수님이 다른 본문들에서처럼 앉아 계시지 않고, 서 계신 것이 어딘가 어색하게 느껴지는데요, 이에 대해 예수님께서 하나님의 보좌 앞에서 스데반을 환영하기 위해 서 계시는 것이라는 해석이나, 혹은 하나님의 보좌 앞에서 스데반의 중재자로서 서 계신다는 해석이 제기되곤 합니다.

　그리고 제가 보기에는 두 번째 해석이 더 가능성이 높아 보입니다. 요한일서("누가 죄를 짓더라도 아버지 앞에서 변호해 주시는 분이 우리에게 계시는데, 곧 의로우신 예수 그리스도이십니다"[요일 2:1 새번역])를 보면, 하늘나라의 영역에서 우리의 대언자가 되시는 예수님을 발견할 수 있습니다. 이는 지상에서 변호자 역할을 맡으신 성령을 반영하는 것일 수도 있습니다. 부활하고 승천하신 예수님은 이제 하나님의 보좌에 계신 그분의 위치에서 우리를 대표하십니다. 예수님은 더 이상 지상에 계시지 않고 우리와 우리의 문제를 하나님께 직접 가져다 주십니다. 예수님은 더 이상 지상에 물리적으로 계시진 않지만, 우리를 하늘나라로 데려가시고, 보좌에 계신 하나님 앞으로 이끄십니다.

에베소서 4:7-10 (새번역 참고)

⁷ 그러나 하나님께서는 우리 각 사람에게 그리스도께서 나누어 주시는 선물의 분량을 따라서 은혜를 주셨습니다. ⁸ 그러므로 성경에 이르시기를 그분은 높은 곳으로 올라가셔서 포로 상태를 사로잡으시고 사람들에게 선물을 나누어 주셨다 합니다 ⁹ 그런데 그분이 올라가셨다고 하는 것은 먼저 그분이 땅의 낮은 곳으로 내려오셨다는 것을 말하는 것이 아니고 무엇이겠습니까? ¹⁰ 내려오셨던 그분은 만물을 충만하게 하시려고 하늘의 가장 높은 데로 올라가신 바로 그분이십니다.

함께 더 읽을 말씀: 에베소서 4:1-12, 시편 68:1-18

제가 쓰는 서재는 집 꼭대기 층에 있는데요, 어떤 때는 하루 종일 계단을 오르내리기만을 반복하는 것처럼 느껴지는 날이 있습니다. 어떤 날은 그런 반복이 너무 잦아서 (특히 무언가를 하러 가다가 멈추면) 애초에 어디로 가고 있었는지 잊어버리기도 합니다. 이 본문도 어딘지 그와 같이 느껴지기도 하는데요, 예수님은 올라가셨다가, 내려오시고, 내려가셨다가, 올라가시고 있습니다. 우리는 예수님이 어디 계셨고 또 어디로 가시는지 궁금해 하지 않을 수 없는데요, 다행히도 이 문제는 생각보다 훨씬 간단합니다!

이 본문은 사실 한 번의 내려옴과 한 번의 올라감만을 언급한 것이지만, 그것이 조금 어색한 순서로 이루어져 있습니다. 예수님이 승천하셨다고 말한다면, 그것은 곧 그 전 어느 시점에 내려오셨다는 의미인데요(즉, 먼저 내려가야 이후에 올라갈 수 있는 것이죠). 여기서 중요한 것은 아래로 내려오신 예수님, 즉 성육신하신 예수님이, 위로 올라가셔서 지금 우리에게 선물을 주시는 예수님과 동일한 분이라는 점입니다. 그렇다면 이 본문이 함축하는 바는 인간으로서 우리 가운데 사셨던 예수님이 승천하셔서 교회에 선물을 주시는 예수님과 같은 존재가 아니라고 주장하는 사람들이 있었다는 것입니다. 이런 위험한 생각을 하는 사람들은 늘 존재했습니다. 어떤 사람들은 성육신하신 예수님을 예수님으로, 승천하신 그리스도를 그리스도로 이야기하는 것을 선호합니다. 이는 어느 쪽에서 승천에 대해 이야기하고 있는지 더 명확하게 알 수 있다는 점에선 가치가 있을지 모르지만, 자칫 그러한 구분이 서로 다른 존재를 암시할 수도 있다는 위험이 있습니다. 이후 나올 히브리서 본문에서도 알 수 있듯이, 하나님 우편에 계신 예수님이 곧 성육신하신 예수님이시기에, 우리는 하나님의 임재에 대한 확신을 가질 수 있습니다. 승천하신 예수님은 강림하신 예수님과 동일한 예수님이어야 합니다. 그렇지 않으면 우리에게 주어진 선물의 가치도 떨어지게 됩니다.

사실 이 에베소서 본문에서 바울이 말하는 내용에 대한 단서를 제공하는 것은 바로 선물입니다. 에베소서는 구약성경에 대한 지식이 깊이 배어 있는 서신 중 하나인데요, 현재 본문은 구약성경을 직접(또는 반[半]직접적으로) 인용한 본문 중 하나입니다. 에베소서 4:8("그러므로 성경에 이르기를 그분은 높은 곳으로 올라가셔서 포로 상태를 사로잡으시고 사람들에게 선물을 나누어 주셨다 합니다")은 시편 68:18의 일부를 인용한 것인데, 그 시편 구절은 대적들과의 전투 후에 이루어지는 하나님의 승리의 행진을 묘사하고 있습니다. 그 시편 본문에서 하나님은 모든 사람들이 볼 수 있도록 높은 산에 올라가시는데요, 그때 포로들을 거느리시고, 또한 (모든 고대 왕과 황제들이 그랬던 것처럼) 만나는 모든 사람들에게서 마땅히 받아야 할 선물을 취하십니다. 바울은 시편 68:18을 사용하여 그리스도 안에서 조금 다른 상황이 벌어지는 것을 보여 주기 때문에, 이 시편 인용은 절반의 인용이라고 할 수도 있습니다. 예수님은 포로들(사로잡혔던 자들)이 아니라 포로 상태(속박) 그 자체를 끌고 오십니다. 하나님의 가장 큰 대적들 중 하나인

포로 상태를 물리치신 예수님은 선물을 받지 않으시고 도리어 선물을 나누어 주십니다. 예수님의 영광스러운 승천 역시 선물을 받는 것이 아닌 주는 맥락에서 표현됩니다. 승천하신 그리스도는 지상에 계셨을 때와 마찬가지로 그분을 따르는 자들에게 자비를 부어주시고 맡기신 임무를 계속할 수 있게 도우십니다. 한편, 이 에베소서 본문에 나열된 특정한 선물의 의미에 지나치게 매달리기가 쉬운데요, 그렇게 하다보면 자칫 핵심을 놓치게 될 수도 있습니다. 중요한 것은 정확히 무엇이 주어졌느냐가 아니라, 바로 선물이 주어졌다는 사실입니다. 우리는 선물을 취하는 것이 아니라, 선물을 나누어 주는 승리의 잔치에 온 것입니다. 이 선물은 당연히 주님의 것이어야 할 선물이었습니다. 그렇기에 우리는 그 선물을 더욱 더 소중히 여겨야 합니다.

빌립보서 2:5-11 (개역개정)

⁵ 너희 안에 이 마음을 품으라 곧 그리스도 예수의 마음이니 ⁶ 그는 근본 하나님의 본체(형체)시나 하나님과 동등됨을 취할 것으로 여기지 아니하시고 ⁷ 오히려 자기를 비워 종의 형체를 가지사 사람들과 같이 되셨고 ⁸ 사람의 모양으로 나타나사 자기

를 낮추시고 죽기까지 복종하셨으니 곧 십자가에 죽으심이라
⁹ 이러므로 하나님이 그를 지극히 높여 모든 이름 위에 뛰어난
이름을 주사 ¹⁰ 하늘에 있는 자들과 땅에 있는 자들과 땅 아래
에 있는 자들로 모든 무릎을 예수의 이름에 꿇게 하시고 ¹¹ 모
든 입으로 예수 그리스도를 주라 시인하여 하나님 아버지께 영
광을 돌리게 하셨느니라.

함께 더 읽을 말씀: 빌립보서 2:1-11

만약 부활이 우리의 일상과 동떨어진 것처럼 느껴진다면
아마도 승천은 더욱 더 멀게 느껴질 것입니다. 앞서 우리는 사
도행전 1:9-11을 살펴보면서, 승천이 제자들에게 미친 영향은
곧 '부재'에 달려 있음을 배웠습니다. 그리고 승천이 가진 또
다른 측면은 하늘나라에서 하나님의 보좌에 앉으신 그리스도
의 신성에 대한 확증임을 배웠습니다(행 7:55-6). 그렇다면 승천
은 예수님과만 관련된 일이고 우리와는 아무런 관련이 없는
일인 것일까요? 승천은 우리가 예수님을 예배하는 데는 그럭
저럭 영향을 미치지만 그 외에는 거의 영향을 미치지 않는 것
일까요? 빌립보서 2장에서 바울은 이 질문에 대해 단호하게
"아니오"라고 대답합니다. 예수님께서 지상에 내려오셔서 우

리 가운데서 거하신 후 다시 하늘로 올라가신 것은 우리가 사는 삶의 방식에 있어 중요한 본보기가 되어야 합니다. 우리가 빌립보서 2:5-11을 볼 때, 단락의 초반부의 관점으로 살펴보는 것이 중요한데요(우리가 서로에게 어떻게 행동해야 하는지를 다룬 2:1-4 역시 중요합니다). 그렇기에 흔히 '빌립보서의 찬가'라고 불리기도 하는, 2:6-11은 자기 비움, 자기 낮춤에 대한 바울의 권면이라는 관점에서 살펴봐야 합니다.

앞서 빌립보서 2:5에 대한 가장 좋은 번역이 무엇인지는 의견이 분분합니다. 그럼에도 그 요지는 분명합니다. 바로 '우리가 어떻게 되어야 한다'는 것인데요, 하지만 정확히 어떻게 되어야 한다는 의미인지는 파악하기가 쉽지 않습니다. 지금 바울은 우리가 생각하는 방식이나 세상을 바라보는 관점에 대해 이야기하고 있는데요, 즉 '우리가 무엇을 해야 하느냐'에 관한 것보다는 우리 머릿속에서 일어나는 일에 관해 이야기하고 있습니다. 여기서 번역하기 어렵기로 악명 높은 또 다른 단어는 "그는 하나님과 동등됨을 […]으로 여기지 아니하"셨다는 문장 안에 있습니다. NRSV 성경은 빈칸을 "취할 것"으로 옮긴 반면, 많은 번역본들은 "붙잡을 것"로 옮겼는데요, 문제는 빈칸에 해당하는 그리스어 단어가 "탈취하다"(즉, 이전에 그것을 가지고 있지 않았던 사람이 탈취한다) 혹은 "꽉 붙잡다"(즉, 자신의 이익을 위해 사용한다) 모두를 가리킬 수 있다는 것입니다. 이 본문에서는 후자의 의미인 것이 분명합니다. 예수님은 이미 전부터 하나님과 등등하셨기 때문입니다. 그렇다면 해당 단어의 의미는 꽉 붙잡고 최대한 활용한다는 것에 더 가까워야 맞습니다. 어쩌면 "꽉 쥐다"는 표현이 좋은 대안이 될 수 있을지도 모르겠네요. 이 표현은 주로 아기들의 행동을 설명할 때 사용하는 단어입니다. 실제로 아기들은 무언가를 탈취하기도 하고 꽉 붙잡기도 하는데요, 이를테면 때로 아기들은 다른 친구들의 물건을 빼앗아 그것을 꽉 붙잡고 움켜쥐어 자기들의 가슴 가까이로 가져갑니다. 다른 친구들이 가져가지 못하도록 말이죠. 물론 이런 행동을 하는 것이 솔직히 아기들만은 아닙니다. 나이가 들면서 그런 행동을 하지 않는 것처럼 보이려고 노력할 뿐이지요.

바울은 빌립보 성도들에게 예수님과 같은 마음을 가지라고 격려합니다. 예수님은 그분이 움켜쥐고 간직할 수 있는 것에 매달리지 않으셨고, 세상을 향한 사랑으로 자신을 아낌없이 내어주셨습니다. 때로 그리스도인들은 자신이 혹 이용만 당하는건 아닌지 염려합니다. 하지만 '그리스도를 닮은' 사람들에게 이런 일은 불가능합니다. 자기 자신을 아낌없이 내어주는 사람에게 '이용당하는 일'을 있을 수 없습니다. 자신을 내어준다는 것은 곧 자의로 주는 것이고 받는 자의 상태나 자격과는 무관하기 때문입니다. 우리는 바로 그러한 모습을 따르도록 부르심을 받았습니다. 우리는 자신의 권리를 포기하고 자신을 쏟아 부은 사람은 하나님 나라에서 상상할 수 없을 만큼 더 많은 것을 되돌려 받는다는 사실을 기억해야 합니다. 이처럼 자신을 내어주고 자신을 쏟아붓는 모습은 그리스도인들에게 추가된 또 다른 의무가 아니라, 그리스도인의 삶과 신앙의 본질과도 같습니다. 다시 말해, 부활하시고 승천하신 그리스도께서 우리에게 보여주신 본보기는 우리가 따라야 하는 마음의 자세이자 관점이고, 또한 삶의 방식입니다.

히브리서 4:14-16 (새번역)

¹⁴ 그러나 우리에게는 하늘에 올라가신 위대한 대제사장이신 하나님의 아들 예수가 계십니다. 그러므로 우리의 신앙 고백을 굳게 지킵시다. ¹⁵ 우리의 대제사장은 우리의 연약함을 동정하지 못하시는 분이 아닙니다. 그는 모든 점에서 우리와 마찬가지로 시험을 받으셨지만, 죄는 없으십니다. ¹⁶ 그러므로 우리는 담대하게 은혜의 보좌로 나아갑시다. 그리하여 우리가 자비를 받고 은혜를 입어서 제때에 주시는 도움을 받도록 합시다.

함께 더 읽을 말씀: 히브리서 4:1-16

(대제사장에 대해 더 알고 싶다면) 레위기 16장

공감은 강력한 힘을 가지고 있습니다. 공적인 역할을 맡은 사람이 나와 비슷하여 공감이 되든 그렇지 않든, 일만 잘한다면 아무런 차이가 없어야 하지만 실제로는 그렇지 않습니다. 나이, 성별, 배경, 그리고 특정한 그룹이라는 측면에서 나와 같은 사람이 없다면, 마치 나 자신은 해당하지 않는 것처럼 느껴질 수 있습니다. 앞서 공감의 여부가 공적인 역할에 있어서 어떤 차이를 만들어서는 안 된다고 말했지만, 실제로는 또 그렇지 않다는 점을 히브리서의 저자는 잘 알고 있습니다.

히브리서 4장에서 저자가 말하는 내용의 대다수는 믿음을 지키고, 삶에 어떤 일이 닥치더라도 굳건히 버티고 견뎌내라는 것입니다. 그리고 그 절정은 4:14-16에서 찾아볼 수 있는데요, 이 단락에서 저자는 그것이 어째서 가능한 일인지뿐만 아니라 어째서 중요한지를 우리에게 상기시켜 줍니다. 우리가 이미 동의한 내용, 즉 우리가 우리의 신앙 고백을 굳게 붙잡아야 할 이유는 두 가지입니다. 첫째, 우리에게는 하늘에 올라가신 대제사장이 계시기 때문입니다. 둘째, 그분은 우리의 연약함을 공감("동정")할 수 있는 분이시기 때문입니다. 그리고 이

두 가지는 부활하신 그리스도의 정체성이 갖는 두 가지 측면, 즉 하늘의 정체성과 땅의 정체성을 가리킵니다.

대제사장의 특별한 역할은 대속죄일(Day of Atonement)과 관련이 있습니다. 즉, 오직 대제사장만이 그날에 백성들의 죄를 속죄하기 위해 성전의 지성소에 들어갈 수 있었습니다. 대제사장만이 하나님 앞에 설 자격이 있었기 때문에, 대제사장만이 그러한 일을 할 권한이 있었습니다. 지상의 대제사장은 하나님께서 때때로 임재하시는 지성소라는 땅 위의 장소에서 백성들을 대표했습니다. 그리고 우리의 대제사장이신 예수님은 성전의 뜰이 아니라 하늘의 뜰을 지나가서, 이제 우리를 대신하여 (속죄일이나 혹은 하나님께서 때때로 임재하실 때만 아니라) 영원히 중보하십니다. 그렇다면 우리는 우리를 대표하는 예수님의 중보가 하나님에게 직접 닿는다는 확신을 가질 수 있습니다.

예수님의 정체성의 또 다른 측면은 그분의 인간됨입니다. 앞서 언급한 우리의 확신은 예수님께서 우리 인간이 겪는 모든 것을 알고 계시며 공감하신다는 사실에서 비롯됩니다. 예수님 자신이 그 자리에 계셨기 때문입니다. 예수님도 우리와 똑같이 고통을 겪으셨습니다. 예수님도 우리와 똑같이 시험을 받으셨습니다. 예수님은 인간이 된다는 것이 어떤 것인지 알고 계시며, 그렇기에 우리를 대표하여 말씀하실 수 있습니다.

인간의 사회와 제도 안에서 우리와 같은 누군가가 우리를 대표하는 것처럼, 모든 형태의 인간적인 삶을 경험한 누군가가 하늘나라에서 우리를 대표한다는 사실을 우리는 이제 확신할 수 있습니다.

한편, 우리 인간이 하나님의 보좌에 다다를 수 있는 권한을 떠받치는 것이 바로 예수님의 승천입니다. 이로써 우리는 또다시 앞서 말한 확신을 재확인하게 됩니다. 우리는 기도를 통해 하나님의 보좌에 영원히 다다를 수 있으며, 히브리서의 저자는 우리가 그 기회를 최대한 활용해야 한다고 말합니다. 우리는 이제 기도로 하나님께 나아갈 수 있게 되었습니다. 부활하시고 승천하신 대제사장, 예수님으로 인해 하나님께서 변함없이 우리 편이 되어 주시기 때문입니다. 이는 마치 왕이나 대통령을 위해 일하는 친척이나 친한 친구를 갖게 된 것과 비슷합니다. 우리가 필요할 때마다 접견을 보장해주는 친구를 갖게 된 것이죠. 그런데 그런 좋은 기회를 얻고도 전혀 활용을 하지 않는다고 생각해 보세요. 그것은 마치 예수님께서 우리에게 기도를 통해 하나님에게 나아갈 수 있는 문을 열어주셨는데도, 정작 그 기회를 누리지 않는 것과 같습니다. 그런 특별한 권한과 기회가 주어졌는데도 어째서 그 기회를 사용하지 않는 걸까요?

히브리서 12:1-2 (새번역)

¹ 그러므로 이렇게 구름 떼와 같이 수많은 증인이 우리를 둘러 싸고 있으니 우리도 갖가지 무거운 짐과 얽매는 죄를 벗어버리고 우리 앞에 놓인 달음질을 참으면서 달려갑시다. ² 믿음의 창시자요 완성자이신 예수를 바라봅시다. 그는 자기 앞에 놓여 있는 기쁨을 내다보고서 부끄러움을 마음에 두지 않으시고 십자가를 참으셨습니다. 그리하여 그는 하나님의 보좌 오른쪽에 앉으셨습니다.

함께 더 읽을 말씀: 히브리서 12:1-14

제가 달리기를 아주 잘했던 적은 없지만, 그럼에도 항상 달리기를 잘 하고 싶다는 생각을 해왔습니다. 특히 마라톤을 완주하는 데 필요한 강인한 체력과 결단력에는 뭔가 특별한 매력이 있는 것 같습니다. 자신의 몸을 한계까지 밀어붙이고 할 수 있는 한 최선을 다한다는 생각에는 묘한 매력이 있으며, 바로 그러한 점 때문에 매년 수많은 참가자들이 다양한 마라톤 대회에 참여합니다. 히브리서의 원독자들에게 달리기는 너무나 친숙한 은유였습니다. 달리기는 범그리스(Panhellenic) 5종 경기 중 첫 번째 종목이었으며, 오랫동안 고대 그리스 올림픽에서 유일한 육상 종목이었습니다.

저자가 여기서 사용하고 있는 이미지는 분명 장거리 경주입니다. 구름 떼와 같은 수많은 증인에 대한 언급은 과거에 그 경주를 완주한 관중들로 가득 찬 원형 경기장을 떠올리라는 의미입니다(히브리서 11장을 보면 아벨에서부터 라합에 이르기까지 다양한 사람들이 소개됩니다). 우리는 그들이 우리를 응원하기 위해 모였다는 사실에 감격하여, 계속해서 고통의 장벽을 뚫고 인내하며 달려갈 수 있게 되었습니다. 그와 동시에 우리는 우리를 앞으로 달려가지 못하도록 막는 것들로부터 벗어나야 합니다(여기에 해당하는 그리스어 단어는 "옷을 벗는다"는 의미로도 사용이 가능합니다). 우리가 벗어나야 할 대상을 묘사하는 데 사용된 단어들이 우리의 관심을 집중시키는데요, 우리는 (우리를 넘어지게 하는) 장애물과 (우리를 휘감아 달리는 능력을 막는) 얽어매는 죄를 벗어버려야 합니다. 이를 통해 우리 앞에 놓인 경주에 더욱 집중할 수 있게 됩니다. 우리는 우리를 둘러싼 수많은 증인들로부터 영감을 받기도 하지만, 무엇보다도 지금 이 본문에 사용된 이미지가 암시하듯이, 우리보다 먼저 경주를 시작하셨고, 또 우리를 결승선에서 기다리시며, 우리의 완주를 촉구하시는 예수님에게 우리의 시선을 고정시켜야 합니다. 히브리서 4:14-16처럼 명시적으로 언급되지는 않지만, 현 본문도 우리가 우리 경주의 목표가 되시는 예수님을 신뢰해야 함을 다시 한 번 드러냅니다. 이는 예수님께서 우리보다 앞서 달려가셨기 때문이고 또한 그분이 경주를 완주하셨고 우리도 그렇게 하기를 원하시기 때문입니다.

이후 히브리서 저자는 이미지를 조금 전환시켜 예수님을 우리 믿음의 창시자요, 완성자로 이야기합니다. 예수님은 이 길을 가장 먼저 가셨을 뿐만 아니라 가장 빠른 시간 안에 가셨습니다. 우리는 그분의 발자취를 따라 그분이 경주를 달리신 방식을 따라잡는 것을 목표로 삼아야 합니다.

여기서 우리는 예수님의 승천은 그분을 우리 삶에서 멀리 떨어져 있는 분으로 만드는 것이 아니라, 우리가 본받아야 할 롤모델을 제시한다는 사실을 다시금 깨닫게 됩니다. 모든 훌륭한 롤 모델들과 마찬가지로, 예수님은 우리가 목표로 삼아야 할만큼 충분히 앞서 계시며, 또한 우리가 충분히 신뢰할 만한 모습을 보여주셨습니다. 좋은 예는 아닐 수 있지만, 중독자들과 대화할 수 있는 가장 좋은 사람은 바로 이전에 중독을 경험해 본 사람입니다. 경험과 함께 열망을 제공할 수 있으니까요. 승천하신 예수도 이와 같습니다. 예수님은 지금 우리가 서 있는 곳에 그분 또한 계셨다는 것을 보여주심과 동시에, 하나님 앞에 서고자 하는 열망을 보여주셨습니다. 승천하신 예수님은 우리 앞에 서서서 우리도 앞으로 나아가도록 부르고 계십니다. 힘들고 고통스러워도 인내하라고 격려하시면서요. 그분이 먼저 우리보다 그 길을 가셨기 때문입니다.

묵상 정리

승천이 부활보다 조금 더 멀게 느껴질 수 있습니다. 하지만 사실 승천은 (부활보다 더 많이는 아니더라도) 적어도 부활만큼이나 우리의 삶에 영향을 미칩니다. 부활은 우리를 변화시킵니다. 부활은 우리의 관계들과 우리를 둘러싼 세상을 변화시킵니다. 반면에 승천은 우리에게 행동할 동기와, 행동할 방식에 대한 청사진 모두를 제공합니다. 승천으로 인한 예수님의 부재가 없었다면, 우리는 여전히 예수님을 따라다니며 우리가 무엇을 해야 할지 알려주시기를 기다리고 있을지도 모릅니다. 승천은 우리로 하여금 행동하게 만듭니다. 또한 승천하신 예수님은 우리의 롤 모델이 되십니다. 우리가 지금까지 살펴본 것처럼, 예수님께서 하나님 우편에 계신다고 말하는 많은 구절들이, 예수님을 그리스도인의 롤 모델로 삼고 있습니다. 그리스도인으로서 우리는 우리보다 앞서 그 길을 가신 예수님, 곧 승천하신 예수님께 우리의 시선을 단단히 고정시켜야 합니다:

- 우리는 예수님처럼 우리가 움켜쥐고 있는 모든 것들을 내려놓고, 세상을 향한 사랑으로 우리 자신을 내놓아야 합니다.
- 하나님께서 우리를 예수님으로 인하여 언제나 반겨주신다는 확신을 가지고, 기도로 하나님의 보좌 앞에 나아갈 수 있는 기회를 최대한 활용해야 합니다.
- 예수님처럼 끝까지 인내해야 합니다.

'그리스도를 닮은' 그리스도인의 성품은 사랑과 확신, 그리고 끈기로 특징지어집니다. 그리고 이것들은 우리가 하는 모든 일에서 우리보다 앞서 가신 그리스도, 부활하시고 승천하신 그리스도로부터 배워야 합니다.

제7장

성령으로 충만한 삶

제7장 성령으로 충만한 삶

성령 강림

서론

성령 강림은 우리를, 예수님의 죽음 앞에서 겁에 질려 두려움에 빠진 제자 무리에서 온 세상에 기쁜 소식을 전하는 강력한 선포자로 변화시키는 마지막 핵심 연결 고리입니다. 예수님의 죽음 이전의 제자들과 성령 강림 이후의 제자들 사이의 격차는 하늘과 땅 차이입니다. 예수님의 죽음 이전의 제자들은 예수님이 정말로 누구이신지를 깨닫지 못했습니다. 겟세마네 동산에서도 예수님은 제자들이 자신과 함께 하기를 바라셨지만 그들은 깨어 있지 못했습니다. 예수님이 그들을 가장 필요로 했을 때, 즉 체포되실 때 제자들은 모두 도망쳤습니다. 하지만 성령 강림 이후의 제자들은 어떤 대가를 치르더라도 예수님의 기쁜 소식을 전하기 위해 전 세계로 퍼져 나갔습니다. 그들은 기쁨과 열정으로 가득 찬 복음 전달자, 감동과 확신에 찬 복음 선포자가 되었습니다. 때로 이것을 성령의 강림만으로 설명하고 싶어지지만, 그렇게 하는 것은 이 시점까지 이어진 연속된 사건들을 제대로 이해하지 못한 것입니다. 예수님의 죽음은 그분이 누구이신지에 대한 제자들의 모든 기대를 무너뜨렸습니다. 부활은 그러한 기대들을 다른 순서로 다시 정리하고, 제자들이 예수님이 진정 누구이신지를 이해하는 데 도움을 주었습니다. 그리고 승천은 제자들이 일할 자리를 마련해주었고, 성령의 강림은 제자들에게 일할 수 있는 능력을 주었습니다. 성령 강림은 이와 같이 핵심적인 연결 고리였습니다. 물론 제자들이 변화하며 성장하는 데 있어 유일한 연결 고리는 아니었습니다.

성령 강림이 이루어진 오순절은 본래 유대인의 절기였으나 기독교 안에서 그 중요성이 다시 부각되었다는 사실을 기억할 필요가 있습니다. 오순절에 베드로가 설교할 때에 그 자리에 사람들이 많았던 이유는, 그들이 모두 **펜테코스테**(오순절의 그리스어 명칭) 혹은 **샤부오트**(오순절의 히브리어 명칭) 절기를 맞아 예루살렘에 머무르고 있었기 때문입니다. **샤부오트**는 시내산에서 율법을 받은 것을 기념하는 유대인의 위대한 추수 절기 중 하나였습니다. 이 절기는 유월절로부터 50일 후에 열렸는데요, 우리가 그날에 있었던 성령 강림을 기념하는 것은 어떤 면에서 샤부오트 절기의 본래 의미를 닮았습니다. 유월절은 하나님의 백성이 노예에서 해방되어 자유롭게 된 것을, 샤부오트(오순절)는 그 자유 속에서 어떻게 하나님을 섬겨야 하는지를 알려주는, 율법의 수여를 상기시키는데요, 마찬가지로 부활절은 죽음과 죄로부터 해방되어 자유롭게 된 것을, 성령 강림절(오순절)은 그 자유 속에서 어떻게 하나님을 섬겨야 하는지를 알려주는 성령의 수여를 상기시킵니다.

사도행전 2:1-4 (개역개정)

¹ 오순절 날이 이미 이르매 그들이 다같이 한 곳에 모였더니 ² 홀연히 하늘로부터 급하고 강한 바람 같은 소리가 있어 그들이 앉은 온 집에 가득하며 ³ 마치 불의 혀처럼 갈라지는 것들이 그들에게 보여 각 사람 위에 하나씩 임하여 있더니 ⁴ 그들이 다 성령의 충만함을 받고 성령이 말하게 하심을 따라 다른 언어들로 말하기를 시작하니라.

함께 더 읽을 말씀: 출애굽기 19:1-25

우리가 인간으로서 사랑하는 감정 중 하나는 배타성입니다. 무언가가 나만 (또는 나와 소수의 사람만) 가능하다는 느낌은, 내가 다른 사람들보다 더 특별하고 중요하다는 느낌을 줍니다. 광고주들은 '독점 공개' 혹은 '평생 단 한 번의 거래'를 언급하며 이 점을 활용합니다. 이벤트 자리가 몇 개밖에 남지 않았다거나, 한정판이라는 사실을 알게 되면, 그때부터 사람들은 그 대상을 더 매력적으로 느끼니까요. 이전에는 애매모호한 태도를 보이다가 무언가를 놓칠 수도 있다는 사실을 알게 되면 그때부터는 필사적으로 그 대상을 얻고 싶어합니다. 이것이 바로 많은 광고주들이 활용하는 심리지요. 그리고 이것은 종교에도 적용되는 개념입니다. 역사상 가장 강력한 분파나 광신적 종교 집단들은, 구성원들 사이 혹은 집단 내 고위층 사이에서 내부 비밀을 만들어 지키는 집단들이었습니다.

우리가 오순절에 성령이 임하신 이야기와 시내산에서 율법을 받은 이야기를 비교해 보면, 놀랍게도 중첩되는 부분들이 상당히 많은데요, 일단 시내산에서 율법이 수여된 장면을 보면, 나팔과 같은 큰 소리와 불이 산 위로 내려오는 것이 특징입니다(출 19:16-18). 그리고 사도행전을 보면 오순절에 (엘리야가 호렙산에서 하나님을 만난 열왕기상 19:11-12의 장면을 연상시키는) 강한 바람과 불의 혀처럼 갈라지는 것들이 제자들 사이에 나타나는 것을 보게 됩니다. 어떤 면에서 오순절에 있었던 성령 강림은 시내산 사건 때와 같이 '하나님 자신을 부어주신 사건'이라고 할 수 있습니다. 바람이나 불과 같은 신적 임재의 특징을 보이니까요.

하지만 한 가지 중요한 차이가 있습니다. 모세가 시내산에 올라갔을 때 백성들은 가까이 오지 말라는 경고를 두 번이나 받았습니다(출 19:12, 21). 하나님의 임재는 그들에게 너무 위험했기 때문에, 오직 모세(혹은 아론)만이 하나님을 마주할 수 있었습니다. 구약성경에서 하나님의 계시는 모세, 엘리야, 이사야와 같은 소수의 특별한 사람들에게만 주어졌습니다. 다른 사람들의 경우 계시를 감당할 수 없으므로 멀리 떨어져 있을 수 밖에 없었습니다. 하지만 사도행전 2장에서는 아무도 멀리 떨어져 있지 않습니다. 성령이 베드로, 야고보, 요한에게만 내려오신 것이 아니라 그곳에 모인 모든 사람들에게 내려오셨습니다. 그리고 이후에도 그 말씀을 듣고 응답한 모든 사람들에게 내려오십니다. 기독교 신앙의 놀라운 특징 중 하나는 그 어떤 것도 비밀스럽거나 배타적이지 않다는 것입니다. 모든 것이 모든 사람에게 열려 있습니다. 이것은 신약성경을 관통하는 중요한 흐름 중 하나인데요, 이러한 흐름이 예수님의 사역에서 시작하여 오순절 성령 강림 때에 계속해서 강조되고 또 바울의 글에서도 반복되어 나타납니다.

하지만 우리는 여전히 이러한 사실을 받아들이는 데 어려움을 겪고 있습니다. 그리스도인들의 모임은 쉽게 배타주의에 빠지곤 합니다. 누군가는 소속감을 느끼지만 누군가는 느끼지 못합니다. 누군가는 자신이 중심에 있다고 느끼지만 누군가는 자신이 환영받지 못한다고 느끼기도 합니다. 이것은 성령 충만한 삶을 사는 것과 인간의 본성이 충돌하는 지점 중 하나입니다. 성령이 계속해서 우리 삶에 부어지면, 가치가 있는 사람과 없는 사람, "안에" 있는 사람과 "밖에" 있는 사람을 규정하는 경계를 거부하게 됩니다. 오순절에 이루어진 성령의 강림은 모든 문을 활짝 열고 모든 사람을 환영한다고 선포합니다. 그 누구도 멀리 떨어져 있지 않습니다. 우리가 받아들이기만 한다면 주님께서는 계속해서 우리에게 다가오시기 때문에, 우리는 더 이상 이스라엘 백성들처럼 다가오지 말라는 말을 듣지 않습니다(출 19:21).

사도행전 2:5-8 (새번역 참고)

⁵ 예루살렘에는 경건한 유대 사람이 하늘 아래 각국에서 와서 살고 있었다. ⁶ 그런데 이런 말소리가 나니, 많은 사람이 모여

와서 각각 자기네 지방 말로 제자들이 말하는 것을 듣고서 어리둥절하였다. [7] 그들은 놀라 신기하게 여기면서 말하였다. 보시오, 말하고 있는 이 사람들은 모두 갈릴리 사람이 아니오? [8] 그런데 우리 모두가 저마다 태어난 지방의 말로 듣고 있으니 어찌 된 일이오?

함께 더 읽을 말씀: 사도행전 2:5-13, 창세기 11:1-9

제가 가장 좋아하는 경험 중 하나는 각국의 사람들이 모두 각자의 언어로 주기도문을 외우는 예배 자리에 참석하는 것입니다. 물론 이는 다양한 국적의 사람들이 모인 경우에만 가능한 일입니다. 겨우 두세 가지 언어만 사용된다면 오히려 조금 어색하게 들릴 수도 있고요. 저는 다양한 국적의 사람들이 모인 대학에서 학생들을 가르친 경험이 있는데요, 학생들을 가르칠 때마다 매번 놀라웠던 것은 서로의 다름이 드러나는 자리일 거라고 예상했지만 오히려 그 반대로 연합과 화합의 자리가 되는 경우가 많았다는 점입니다. 전 세계 각국의 언어로 같은 하나님께 같은 기도를 드리는 경험을 통해 우리는 이 땅에서 맺어진 하나님의 가족으로서 더욱 가까워졌습니다.

앞서 우리는 출애굽기 19장이 어떻게 오순절 성령 강림 이야기를 더 깊이 이해할 수 있게 해주는지 살펴보았습니다. 하지만 이 사도행전 본문 뒤에 숨어 있는 구약성경 본문은 출애굽기만이 아닙니다. 이 사도행전 본문에는 창세기 11:1-9, 요엘 2:28-30 등을 포함한 다른 여러 구약 본문들을 가리키는 암시와 인용이 담겨 있습니다(이 요엘서 본문은 차후 살펴볼 것입니다). 창세기 11:1-9에 나오는 바벨탑 건축 이야기는 창세기에서 가장 우스꽝스러운 이야기 중 하나입니다. 인간들은 자신들이 살 곳을 임의로 찾아 하늘에 꼭대기를 둔 탑을 세우기로 결정했습니다. 그리고 그 일을 통해서 자신들의 이름을 날리고 땅 위에서 흩어지지 않으려고 했습니다. 그들은 자신들의 위대함을 기념하기 위해 하늘에 닿을 정도로 거대한 탑을 세웠지만, 하나님의 관점에서는 여전히 너무 작아서 (그분이) 아래로 내려오셔야만 볼 수 있었습니다. 인간들은 자신들의 권세를 확고히 하고 온 땅에 흩어지지 않으려고 탑을 쌓았습니다. 그러나 하나님께서는 결국 그들을 흩으셨고, 그들이 추구한 권세를 제한하기 위해 다른 언어들을 사용하게 하셨습니다.

함께 읽은 사도행전 본문에서 우리는 이와 유사한 이야기를 보게 됩니다. 전 세계에서 온 사람들이 서로 다른 언어들을 사용하고 있고, 또 그들에게 내려오신 하나님이 언급되고 있습니다. 하지만 그 결말은 다릅니다. 사도행전 본문을 보면 전 세계 사람들이 예루살렘에 모여 들었고 하나님께서 이전과 마찬가지로 그들에게 내려오셨지만, 이번에는 그들이 흩어지는 것이 아니라 더욱 가까워집니다. 이번에는 다른 언어들을 사용하는 사람들을 이해할 수 있을 뿐만 아니라, 하나님과도 만날 수 있게 되었습니다. 바벨탑의 경우 세상에 분열과 소외를 가져왔지만, 오순절에 이루어진 성령 강림은 이를 뒤집었습니다. 다시 말해, 오순절 성령 강림 사건은 새롭게 역전된 바벨탑 사건과도 같습니다.

이제 인류는 자신들의 영광을 구하기 위해서가 아니라 하나님께 영광을 돌리기 위해, 그들의 이름을 알리기 위해서가 아니라 하나님의 이름을 온 세상에 알리기 위해 다시 한 번 하나가 되었습니다. 오늘날 우리가 (심지어 다른 사람들이 우리와 같은 언어를 사용한다고 하더라도) 다른 사람들이 말하는 것을 반드시 이해한다는 보장은 없지만, 그럼에도 성령의 강림을 경험한다는 것은 곧 우리가 더 이상 서로에게서 소외되지 않는다는 것을 의미합니다. 우리가 하나님의 능력의 역사를 선포하고 기도하기 위해 모일 때, 우리는 하나님께 토대를 둔 깊고 지속적인 연합을 경험하게 됩니다. 그렇게 성령의 역사하심은 우리를 하나로 묶어 줍니다. 우리의 언어 차이에도 불구하고 말이지요.

사도행전 2:14-17 (새번역 참고)

¹⁴ 베드로가 열한 사도와 함께 일어나서 목소리를 높여서 그들에게 엄숙하게 말하였다. 유대 사람들과 모든 예루살렘 주민 여러분 이것을 아시기 바랍니다. 내 말에 귀를 기울이십시오. ¹⁵ 지금은 아침 아홉 시입니다. 그러니 이 사람들은, 여러분이 생각하듯이 술에 취한 것이 아닙니다. ¹⁶ 이 일은 하나님께서 예언자 요엘을 시켜서 말씀하신 대로 된 것입니다. ¹⁷ 하나님께서 말씀하신다. 마지막 날에 나는 내 영을 모든 육체에게 부어 주겠다. 너희의 아들들과 너희의 딸들은 예언을 하고, 너희의 젊은이들은 환상을 보고, 너희의 늙은이들은 꿈을 꿀 것이다.

함께 더 읽을 말씀: 사도행전 2:14-41, 요엘 2:23-32

앞서 저희 가족은 가벼운 농담을 좋아한다고 말씀드렸는데요, 저희가 즐기는 몇 가지 농담이 더 있습니다. "냉장고에 코끼리가 있는지 어떻게 알까?" "버터에 발자국이 있잖아요". "침대에 코끼리가 있는 건 어떻게 알까?" "잠옷에 '코'가 그려져 있어요." "그렇다면 우리가 마지막 때에 있다는 건 어떻게 알 수 있을까?" 여러분은 그 대답이 코끼리와는 아무런 관련이 없다는 것을 당연히 알 것입니다. 우리는 마지막 때, 즉 종말에 대해 오랫동안 예언된 사건들이 성취되기 시작할 때, 우리가 그 시기 안에 있다는 것을 압니다.

구약성경에서 마지막 때에 대한 가장 영향력 있는 예언 중 하나는 지금 베드로가 인용한 요엘의 예언입니다. 요엘의 예언은 완전한 멸망에 대한 약속으로 시작되며, 그 뒤에는 땅 위에서 빼앗긴 모든 것이 회복되는 풍요의 시대가 올 것이라는 내용으로 이어집니다. 그 일환으로 이스라엘은 유일하신 하나님이 그들 가운데 계시다는 사실을 알게 될 것입니다. 베드로가 예루살렘에서의 강렬한 설교를 시작하면서 이 특별한 예언을 인용하기로 선택한 것은 결코 우연이 아닙니다. 그것은 이제 그가 예수님을 누구이신지를 정확히 안다는 확증과도 같습니다. 인용된 요엘서 본문을 보면 예언하고 꿈을 꾸는 시대가올 것이라는 약속 바로 앞에, 유일하신 하나님께서 그들 가운데 계심을 알게 될 것이라는 약속이 나옵니다(욜 2:27). 그리고 하나님께서 이스라엘 가운데 계셨다는 것보다 예수님의 성육신을 더 잘 설명해 낼 수 있는 내용은 없습니다.

중요한 것은 적어도 일부 사람들은 예수님께서 탄생하시기 전 몇 세기 동안은 예언이 잘 나타나지 않았음을 인식하고,

그 현상이 종말에 역전될 것이라고 믿었다는 점입니다. 그렇다면 베드로가 요엘의 예언을 사용한 것은 그때가 세계 역사 속에서 중요한 순간임을 알리고 또한 종말의 시기가 다가왔음을 알리는 신호일 수 있습니다. 우리가 앞서 살펴본 것처럼, 종말 곧 마지막 때는 예수님의 부활과 함께 시작되었지만 아직 끝나지 않았습니다. 베드로는 요엘의 예언을 반향하는 그의 설교를 통해 그토록 기다리던 날이 이제 우리에게 다가왔다고 선포합니다. 베드로가 특별히 장래에 대해 이야기한 것은 아니기 때문에, 언뜻 보기에는 그러한 연결 방식이 이상하게 보일 수도 있습니다. 실제로 그의 설교는 현재에 훨씬 더 초점이 맞춰져 있습니다. 하지만 베드로의 설교는 분명 구약의 예언을 더 깊이 이해하게 해줍니다. 구약의 예언은 때로 미래에 관한 내용일 때도 있지만, 훨씬 더 많은 경우에 그 예언은 하나님의 말씀을 현재에 전하는 것에 관심이 있습니다. 참된 선지자는 과거, 현재, 미래에 일어날 하나님의 일을 감지하고 이를 주변 사람들에게 선포했습니다.

오순절에 이루어진 성령의 강림은 예언의 말씀이 쏟아져 나오는 놀라운 순간입니다. 베드로와 나머지 제자들은 이전과는 전혀 다른 방식으로 하나님을 인식하고, 목소리를 높여 다양한 언어들로 하나님을 선포했습니다. 이스라엘 역사상 오순절 성령 강림의 날처럼 예언적 활동이 쏟아져 나온 날은 없었습니다. 베드로의 마음(혹은 사도행전의 저자 누가의 마음)속에는 요엘이 예언한 때가 이미 시작되었다는 확신이 있었습니다. 그들 가운데 임하신 하나님의 임재와 이 땅을 향해 예언하는 증인의 귀환으로 표시되는, 대망의 장래가 이제 그들 앞에 놓인 것입니다. 지금이 바로 그 때입니다. 가장 높은 곳에서 목청껏 외쳐야 할 때입니다. 성령의 충만함을 받은 베드로와 다른 제자들은 처음으로 예수님이 정말로 누구이신지, 그리고 그분이 누구이신지가 세상에 어떤 의미인지를 완전히 이해했습니다. 성령으로 충만해진 그들은 확신을 가지고 하나님의 복음을 전하는 선포자들로 변화되었습니다. 베드로가 분명하게 밝힌 마지막 때는 여전히 우리에게 다가오고 있습니다. 우리는 베드로가 살던 때와 마찬가지로 이 세상에서 성령으로 충만한 선지자들이 되어, 우리 가운데 거하시는 하나님의 임재와 그분의 구원을 바라보며 선포하도록 부르심을 받았습니다.

요한복음 20:19-23 (새번역)

¹⁹ 그 날 곧 주간의 첫 날 저녁에 제자들은 유대 사람들이 무서워서 문을 모두 닫아걸고 있었다. 그 때에 예수께서 와서 그들

가운데로 들어서셔서 너희에게 평화가 있기를 하고 인사말을 하셨다. [20] 이 말씀을 하시고 나서 두 손과 옆구리를 그들에게 보여 주셨다. 제자들은 주님을 보고 기뻐하였다. [21] 예수께서 다시 그들에게 말씀하셨다. 너희에게 평화가 있기를 빈다. 아버지께서 나를 보내신 것 같이 나도 너희를 보낸다. [22] 이렇게 말씀하신 다음에 그들에게 숨을 불어넣으시고 말씀하셨다. 성령을 받아라. [23] 너희가 누구의 죄든지 용서해 주면 그 죄가 용서될 것이요, 용서해 주지 않으면 그대로 남아 있을 것이다.

계주 경기에서 바통을 넘겨주는 일에는 어딘가 멋진 구석이 있습니다. 잘 훈련된 계주 팀이 워밍업을 하며 잠시 나란히 달리다가, 한 선수가 자신의 구간을 완주한 뒤 속도를 늦출 때, 다른 선수가 자신의 구간을 달리려고 속도를 높이며 유연하게 바통을 넘겨받는 모습을 보는 것은 정말 멋진 경험입니다. 그런데 능숙하게 바통을 넘겨주는 모습은 멋지지만, 반대로 능숙하지 못하게 바통을 넘겨주는 모습은 보기 괴롭습니다. 리듬이 끊기거나 바통이 미끄러지면 다음 선수가 아무리 빨리 달려도 계주를 망칠 수 있으니까요.

성령을 주신 사건에 대한 요한의 기록이 사도행전 속 누구의 기록과 같은 사건인지 아니면 다른 사건인지에 대해 많은 논의가 있습니다. 분명 몇 가지 차이점이 있는데, 그중 가장 분명한 차이점은 예수님께서 제자들에게 (승천 이후에 성령 강림을 통해) 간접적으로 성령을 주신 것이 아니라, 제자들에게 직접적으로 성령을 주셨다는 점입니다. 여기서 제가 중요하다고 생각하는 것은 예수님의 사역의 바통이 넘겨지는 일에 대한 요한의 묘사가, '과연 우리에게 무엇을 말하고자 함인가'라는 점입니다. 누가복음의 예수님은 제자들에게 사명을 주셨지만, 사명을 주시는 것과 제자들이 그 사명을 수행하는 것 사이에는 차이가 있었습니다. 그래서 누가복음에서 성령을 주신다는 것은 성령의 권능을 부여하는 행위에 관심을 집중시켰는데요.

요한복음에서는 그러한 차이가 없습니다. 예수님으로부터 직접 사명도 받고("아버지께서 나를 보내신 것 같이 나도 너희를 보내노라"[요 20:21]), 직접 성령도 받습니다(요 20:22). 요한복음에서는 사명과 그 사명을 수행할 수 있는 능력(그리고 권한)이 서로 얽혀 있습니다. 예수님은 자신이 보내심을 받은 것처럼 제자들을 보내십니다. 예수님은 제자들에게 직접 성령을 주시는 동시에 행동할 수 있는 신적 권한을 주십니다. 죄 사함에 관한 예수님 말씀("너희가 누구의 죄든지 사하면 사하여질 것이요, 누구의 죄든지 그대로 두면 그대로 있으리라 하시니라"[요 20:23])의 의미 중 하나가 바로 그러한 신적 권한입니다. 하나님께서는 죄를 용서할 수 있는 권한을 가지신 분인데, 그 권한이 예수님에게 전달되었고, 이제 제자들에게도 전달되고 있습니다.

계주 경기에서 한 번의 유려한 동작으로 바통을 새로운 선수에게 넘겨주는 것처럼, 요한복음 안에는 아버지에서 아들로, 그리고 아들에서 제자로 이어지는 하나의 유려한 연결 고리가 있습니다. 물론 유려하게 바통을 넘겨주는 일은 바통을 넘겨주는 사람뿐만 아니라, 받는 사람에게도 달려 있습니다. 전달받는 사람도 자칫 그 과정을 망칠 수 있으니까요. 이처럼 성령을 주신 일에 대한 요한의 이야기는 우리에게 주어진 사명이 얼마나 중요한지를 일깨워 줍니다. 우리는 이제 하나님으로부터 예수님에게, 예수님으로부터 초기 제자들에게, 그리고 초기 제자들로부터 우리에게 전달된 거룩한 사명을 받은 자들입니다. 우리는 그 사명과 사명을 실천할 수 있는 성령을 모두 받았습니다. 그리고 그 사명과 성령을 얼마나 잘 받고 얼마나 잘 수행하느냐는 이제 우리에게 달려 있습니다.

로마서 8:14-17 (새번역)

¹⁴ 하나님의 영으로 인도함을 받는 사람은 누구나 다 하나님의 자녀입니다. ¹⁵ 여러분은 또다시 두려움에 빠뜨리는 종살이의

영을 받은 것이 아니라, 자녀로 삼으시는 영을 받았습니다. 그래서 우리는 그 영으로 하나님을 아빠, 아버지라고 부릅니다. [16] 바로 그 때에 그 성령이 우리의 영과 함께 우리가 하나님의 자녀임을 증언하십니다. [17] 자녀이면 상속자이기도 합니다. 우리가 그리스도와 함께 영광을 받으려고 그와 함께 고난을 받으면 우리는 하나님이 정하신 상속자요, 그리스도와 더불어 공동 상속자입니다.

함께 더 읽을 말씀: 로마서 8:1-17

제가 어린 시절에 어느 날부터 현대어 성경들이 더 많이 사용되기 시작하면서 성신(Holy Ghost)에 대한 이야기가 성령 (Holy Spirit)에 대한 이야기로 바뀌었던 순간이 기억납니다. 또한 '성신'이라는 표현이 다소 혼란스럽기 때문에 더 명확하고 이해하기 쉬운 '성령'으로 표현하는 것이 낫다는 말을 들었을 때 어느 정도 당황했던 기억이 납니다. 그 당시 저는 두 단어가 무슨 뜻인지 전혀 모르겠다고 굳이 다른 사람들에게 밝히지 않았는데요, 사실 '성신'은 귀신과 같이 밤에 부딪치는 존재들을 떠오르게 합니다. 물론 '성령'도 영적 세계나 알코올 음료를 떠오르는게 하는 문제가 없는 것은 아니었습니다. 그럼에도 불구하고 저 외에 다른 사람들은 모두 그 의미를 명확히 알고 있는 것처럼 보였기 때문에, 저는 사람들이 성령에 대해 이야기할 때면 입을 다물고 적당히 고개를 끄덕였습니다. 그 뒤로 바울에 대해 공부할수록 성령에 대한 이해가 저만의 문제가 아니라는 것을 깨닫게 되었는데요, 그래서 어쩌면 제가 신약학자가 되는 것은 필연적이었는지도 모르겠습니다. 누가는 성령에 대해 비교적 명확하게 이해했을지 모르지만, 바울의 경우 훨씬 더 복잡한 양상을 내보입니다.

로마서 8장은 이것을 보여주는 좋은 사례입니다. '그 영'(the Spirit)을 이해하려고 할 때 생기는 문제 중 하나는, '그 영'이 하나님과 예수님, 그리고 우리와 어떻게 관련이 되는지를 파악하는 일입니다. 함께 읽은 본문으로부터 몇 구절 앞에 이런 내용이 있는데요. "그러나 하나님의 영이 여러분 안에 살아 계시면 여러분은 육신 안에 있지 않고 '그 영'(the Spirit) 안에 있습니다. 누구든지 그리스도의 영이 없으면 그리스도의 사람이 아닙니다"(롬 8:9 새번역 참고). 여기에서 '영'에 대한 세 가지 언급이 나옵니다. 하나는 "그 영" 안에 있는 상태에 대한 언급이고, 또 하나는 "하나님의 영"에 대한 언급이고, 마지막 하나는 "그리스도의 영"에 대한 언급입니다. 세 가지 모두 아주 약간 다른 방식으로 영을 가리키는 것 같습니다. 우리가 하나님의 영을 가지고 있다면 우리는 육(flesh)의 영역이 아닌 '그 영'의 영역 안에 있는 것이며, 그리스도의 사람이라는 것은 그리스도의 영을 가지고 있다는 것을 의미합니다. 여기에 '그 영'이 우리의 영과 함께 우리가 하나님의 자녀임을 증거한다고 말하는 로마서 8:16이 더해지면, 모든 것이 조금 더 복잡하게 느껴지기 시작합니다.

이 모든 것이 정확히 서로 어떻게 연결되는 걸까요? 하나님의 영은 그리스도의 영과 같은 것일까요? 이들 중 어떤 영이 그 영(the Spirit)일까요? 그리고 '그 영'은 우리 자신의 영과 어떤 관련이 있을까요? 그리스어에는 영어처럼 대문자가 없어서 '그 영'(the Spirit)과 우리의 영(spirit)을 구분하기 어렵다는 사실 때문에 문제가 더욱 복잡해지는데요, 그래서 영어 번역가들은 이 복잡한 문제를 더 쉽게 넘어갈 수 있도록 대문자를 추가했습니다.

바울서신을 자세히 읽어보면 영(Spirit)과 영(spirit)의 언어가 우리가 생각하는 것보다 훨씬 더 중요하다는 것을 알 수 있습니다. 우리는 부활에 관한 본문들을 통해, 예수님의 부활이 새로운 존재 방식을 알렸으며, 이는 종말의 삶이 지닌 몇 가지 측면들이 현재로 들어왔음을 의미한다는 것을 배웠습니다. 우리는 지금 하나님께서 새롭게 창조하신 세상의 모습을 희미하게나마 엿볼 수 있는 세계 속에 살고 있습니다. 이 세계는 바울의 표현을 빌리자면 곧 '그 영'의 영역입니다. 우리가 "그리스도 안에" 있다면, 우리는 육의 영역이 아닌 '그 영'의 영역 안에 살고 있는 것입니다. 즉, 육의 원칙들이 아닌 '그 영'의 원칙들로 통치를 받는 삶을 살고 있는 것입니다. 따라서 우리는 '그 영' 안에 있고 '그 영'으로 가득 차 있습니다. 다시 말해, 하나님의 영으로 가득 찬 우리의 영은 세상과 세상 안에 있는 모든 것에 이제 "영적으로" 반응합니다. 지금까지의 내용을 정리하자면, '그 영'에 대한 우리의 관점은 협소할 때가 많습니다. 그래서 그저 우리와는 "다른" 무언가에 가깝게만 정의되곤 합니다. 우리가 기억해야 할 점은 예수님의 부활과 성령 강림 때에 하나님의 영역, 즉 '그 영'(the Spirit)의 영역이 우리의 세상 안으로 침입하여 우리가 "영적으로" 살도록 부르셨다는 것입니다. '그 영'을 우리와는 "다른" 무언가로 정의하는 것도 맞지만, 그보다 더 중요한 것은 '그 영'이 우리 존재 전체를 변화시킨다는 점입니다.

로마서 8:19, 22-23, 26-27 (새번역 참고)

[19] 피조물은 하나님의 자녀들이 나타나기를 간절히 기다리고

있습니다. … ²² 모든 피조물이 이제까지 함께 신음하며 함께 해산의 고통을 겪고 있다는 것을 우리는 압니다. ²³ 그뿐만 아니라 첫 열매로서 '그 영'(the Spirit)을 받은 우리도 자녀로 삼아 주실 것을 곧 우리 몸을 속량하여 주실 것을 고대하면서 속으로 신음하고 있습니다. … ²⁶ 이와 같이 '그 영'께서도 우리의 약함을 도와주십니다. 우리는 어떻게 기도해야 할지도 알지 못하지만 '그 영'께서 친히 이루 다 말할 수 없는 탄식으로, 우리를 대신하여 간구하여 주십니다. ²⁷ 마음을 꿰뚫어 보시는 하나님께서는 '그 영'의 생각이 어떠한지를 아십니다. '그 영'께서 하나님의 뜻을 따라 성도를 대신하여 간구하시기 때문입니다.

(개역개정과 새번역에는 '그 영'이 '성령'으로 번역되어 있습니다 – 역주)

함께 더 읽을 말씀: 로마서 8:18-27

이 책의 내용을 통해 대개 우리는 '이상'(ideals)적인 측면을 다루고 있습니다. 부활의 존재, "그리스도 안에" 있는 삶, 성령에 의한 변화와 같은 거대한 신학적 개념들이 내비치는 이상들이죠. 이러한 이상들은 주로 그리스도의 부활로 변화된 세상이 어떤 모습일지에 대해 이야기합니다. 그러나 지금까지 우리가 살펴본 대부분의 본문들은 그리스도인들이 지닌 "아직"(not yet)의 측면을 상기시키지 못했습니다. 신약성경의 저자들은 부활이 무엇을 의미하는지, 부활이 우리 삶에 어떤 영향을 미칠지에 대한 비전에 우리의 시선을 고정시키고자 했습니다. 문제는 하도 그렇다 보니, 우리가 주의를 기울이지 않으면 자칫 우리의 삶이 우리에게 주어진 영광스러운 비전에 온전히 부합하지 못하는 것 때문에 쉽게 죄책감에 빠질 수 있다는 것입니다. 솔직히 말해서, 그리스도에 감격하여서, 성령으로 충만하여서 평생을 살아간다는 것은 여간 어려운 일이 아닙니다. 아무리 거룩한 사람이라고 할지라도 시간이 지남에 따라 분명 어려움을 겪게 되기 마련이니까요.

그러므로 우리의 삶 속에 "그런 시기"를 인정하는 본문으로 묵상을 마무리하는 것이 좋을 것 같습니다. 우리는 지금 종말이 희미하게 보이는 세상 속에 살고 있지만, 그것은 한 순간에 왔다가 다음 순간에 사라지는 희미한 불빛일 뿐입니다. 이와 함께 여전히 종말이 오기를 기다리는 또 다른 현실이 존재합니다. 이 현실은 '그 영'(the Spirit)의 영역과 이 시대의 영역이 경쟁하면서 우리가 "그리스도 안에서" 하고자 하는 일이 종종 실패하게 되는 현실입니다. 앞서 읽은 로마서 8장의 본문은 우리가 여전히 기다리는 것이 무엇인지를 상기시켜 줍니다. 모든 피조물은 옛 것이 완전히 사라지고 새 것이 올 미래의 영광스러운 순간을 기다리고 있습니다. 그 순간이 올 때까지 우리는 옛 것과 새 것 "사이에서" 살아갑니다. 하나님께서 의도하신 세상에 대한 우리의 비전과 있는 그대로의 세상 사이에서, 그리고 오직 그리스도에 의해 형성된 존재와 이 세상의 걱정과 염려에 의해 형성된 존재 사이에서 우리는 괴로워 합니다.

그러나 바울은 우리가 절망에 빠져 포기하기 전에, "그 사이에" 있는 것이 우리만이 아님을 일깨워 줍니다. '그 영' 안에 있는 우리에게는 우리와 함께 탄식하시는 '그 영'이 계시기 때문입니다. 솔직히 NRSV성경은 여기서 별 도움이 되지 않습니다. 우리가 하는 일("신음"[롬 8:23])과 '그 영'이 하시는 일("탄식"[롬 8:26])의 그리스어 어근이 동일함에도 불구하고, 굳이 다른 단어를 사용하여 번역했기 때문입니다. 그러므로 우리는 "그 사이에" 있는 우리의 고뇌와 좌절을 표현할 말을 굳이 따로 찾을 필요가 없습니다. 왜냐하면 하나님의 영이 우리와 함께 계시고, 우리와 똑같이 신음하시며, 우리를 위하여 간구하고 계시기 때문입니다.

'그 영'은 우리가 부응하려 노력하지만 실패하는 이상이실 뿐만 아니라, 지금 이 순간에도 우리 삶의 일부이십니다. 우리가 포기하려고 할 때, 좌절하고 신음할 때 우리는 우리와 함께 신음하며 우리가 느끼는 깊은 감정을 하나님께 전달하시는 '그 영'을 보게 됩니다. '그 영'은 우리가 있어야 할 곳으로 우리를 이끄실 뿐만 아니라, 지금 우리가 있는 곳에서 우리를 만나주십니다. 또한 우리가 누구이며 무엇을 하는지에 대한 모든 것을 하나님께 전달하십니다. 그와 같이 하나님은 (하나님만의 특유의 방법으로) 우리가 꿈도 꾸지 못했던 곳으로 우리를 부르시면서도, 때로는 그 길에서 뒤로 물러나 우리와 함께 걸어가기도 하십니다.

묵상 정리

누가가 예수님의 죽음과 부활, 승천, 그리고 성령 강림에 대해 기록한 이야기의 가장 큰 가치 중 하나는, 그것들을 세분화하여 차례대로 살펴볼 수 있도록 했다는 점입니다. 그러한 이야기를 통해 우리는 각 사건들의 의미와 중요성을 더욱 깊이 인식하게 됩니다. 문제는 그렇게만 보다 보면, 자칫 서로 연결되지 않은 4가지 개별 사건처럼 느껴지기도 한다는 것입니다. 이때 누가의 시선이 아닌 다른 시선을 통해 그 사건들을 보면, 즉 다른 시선을 통해 '그 영'을 살펴보면 흩어진 조각들을 다시 모을 수 있습니다. 다시 말해 그리스도의 죽음, 부활, 승천, 성령 강림을 통해 연결되는 이야기 전체를 끊김없이 이해할 수 있습니다. 요한은 예수님이 성부 하나님으로부터 받은 일을 '그 영'(the Spirit)과 함께 우리에게 직접 전달하셨다는 점을 일깨워 줍니다. 그리고 바울은 "그리스도 안에" 있으면 '그 영'으로 충만해지고, '그 영' 안에서 살며, 우리의 영이 하나님의 영과 하나처럼 된다고 주장합니다.

부활의 존재는 '그 영'으로 충만하고 '그 영'의 인도하심을 받는 존재입니다. 다가올 세상은 이 땅의 관심사가 아니라 영적인 관심사로 통치되는 세상입니다. 예수님의 부활은 (적어도 부분적으로는) '그 영'의 세계를 우리 자신의 세계로 끌어들였습니다. 그 부활을 통해 우리는 오순절 성령 강림으로 인해 가능해진 성령 충만한 삶을 살 수 있게 되었습니다. 예수님의 죽음, 부활, 승천 그리고 성령 강림이라는 4가지 사건은 서로 긴밀하게 연결되어 있습니다. 물론 우리는 그 각각의 실태래를 따로 살펴볼 수도 있습니다. 그러나 사실상 그 사건들은 서로 떨어지거나 분리되지 않습니다. 성령은 초기 제자들에게 그러셨던 것처럼 우리의 삶 속에서 계속해서 역사하시고, 우리를 변화시키시고, 우리를 하나님께서 원하는 사람이 되도록 도우시고, 우리와 함께 하나님의 마음 깊은 곳에 닿는 소리로 신음하시며, 우리를 부활의 존재로 온전히 이끄십니다.

　　부활절은 기독교 신앙의 핵심 중 핵심입니다. 부활절은 그리스도에 대해서, 그리고 그분에게 거의 2,000년 전에 일어난 일에 대해서 우리에게 알려줍니다. 또한 부활절은 우리에 대해서, 다시 말해서 그리스도인으로서 우리가 누구인지를 알려줍니다. 예수님께서 죽은 자 가운데서 살아나셨다는 것은 단순히 동의하거나 동의하지 않을 수 있는 개념이 아니라, 이제 우리가 누구인지에 대해 깊이 영향을 미치는 문제입니다.

　　얼마 전 저녁 식사 자리에서 제 딸 하나가 부활의 실존적 의미를 아름답게 표현한 질문을 한 적이 있는데요. 저녁 식사를 만들고 먹느라 정신없이 바쁜 와중에 그녀는 갑자기 "예수님은 어떻게 우리를 만드시나요?"라고 물었습니다. 남편과 제가 답을 찾으려고 하자 그녀는 계속해서 "우리를 먼저 그린 다음에 색을 입히시는 건가요?"라고 물었습니다. 그러한 표현은 저에게 부활의 삶에 대한 훌륭한 묘사처럼 느껴졌습니다. 먼저 예수님은 우리를 자신에게로 이끄십니다. 그리스도를 닮은 존재로 재창조하고 재구성하심으로 우리를 새롭게 그려내십니다. 그러고 나서 우리를 채색하십니다. 우리로 하여금 계속해서 그리스도 안에 살아가게 하심으로써 우리를 채색하십니다. 그렇게 우리는 점점 더 그리스도를 닮아가고 점점 더 그리스도로 빚어집니다. 부활한 몸 안에서 우리 존재 전체가 성령으로 충만해지고 그리스도의 부활 생명이 우리의 일부가 아닌, 우리의 전부가 될 때까지 말이지요.

변화를 일으키는 '색칠하기'는 단순히 우리 자신만을 위한 것이 아닙니다. 그것은 창조 세계 전체의 유익을 위한 것이기도 합니다. 고린도전서 15:45에서 바울은 아담과 그리스도를 대조적으로 묘사하는데요, 바울은 아담의 경우 생명을 가진 존재로 만들어졌지만 그리스도는 생명을 주시는 분이라고 말합니다. 우리가 그리스도 안에 있으면 우리도 그분과 같이 됩니다. 우리가 그리스도 안에 있다는 말는 곧 우리가 생명을 주는 자, 생명을 불어넣는 자, 생명을 만드는 자가 되도록 부름을 받았다는 의미입니다. 우리가 어디에 있든 우리는 부활을 가진 사람이 됩니다. R. S. 토마스의 시로 잠시 돌아가 봅시다. 우리는 그분이 오실 것을 기다립니다. 우리는 언제나 그분이 오실 것을 알고 있었으니까요. 성배가 바다 물로 넘치듯 우리 존재 전체가 그분으로 넘치게 될 것입니다. "부활의 실재"가 그분에게만 아니라 우리에게도 적용될 것입니다.

부활의 의미

초판1쇄	2023. 04. 09
저자	폴라 구더
번역자	이학영
편집장	박선영
편집자	박이삭 이학영
발행처	도서출판 학영
이메일	hypublisher@gmail.com
총판처	기독교출판유통
ISBN	9791198268402 (03230)
정 가	14,000원